山东省自然科学基金（项目编号：ZR2019MG
项目名称："一带一路"倡议下我国会计师事务

审计师选择的经济后果研究

——以企业价值为导向的理论分析和经验证据

乔贵涛◎著

Research on the Economic Consequences of Auditor Choice
—Theoretical Analysis and Empirical Evidence Oriented by Firm Value

经济管理出版社

ECONOMY & MANAGEMENT PUBLISHING HOUSE

图书在版编目（CIP）数据

审计师选择的经济后果研究：以企业价值为导向的理论分析和经验证据／乔贵涛著.
—北京：经济管理出版社，2021.12
ISBN 978-7-5096-8294-4

Ⅰ.①审…　Ⅱ.①乔…　Ⅲ.①审计行为—经济行为—经济效果—研究—中国　Ⅳ.①F239.22

中国版本图书馆 CIP 数据核字（2021）第 197040 号

组稿编辑：张馨予
责任编辑：张馨予
责任印制：黄章平
责任校对：王淑卿

出版发行：经济管理出版社
　　　　　（北京市海淀区北蜂窝 8 号中雅大厦 A 座 11 层　100038）
网　　址：www. E-mp. com. cn
电　　话：（010）51915602
印　　刷：唐山玺诚印务有限公司
经　　销：新华书店
开　　本：720mm×1000mm /16
印　　张：13.25
字　　数：231 千字
版　　次：2021 年 12 月第 1 版　　2021 年 12 月第 1 次印刷
书　　号：ISBN 978-7-5096-8294-4
定　　价：98.00 元

摘　要

随着我国审计市场的改革和不断发展，企业在财务报表审计中对审计师的聘任决策面临着越来越多的选择。通过充分考虑审计服务的价格、相关服务的价格、审计的功能等因素是否与自身的需求和支付能力相匹配，企业可以在不同规模、行业专长和组织形式的审计师中进行选择，还可以对审计师的任期进行决策。不同特征（规模、行业专长、组织形式和任期）的审计师提供审计服务的质量存在差异，对降低被审计单位的信息不对称，进而缓解被审计单位的代理冲突发挥了不同的作用，最终会产生不同的经济后果。审计师选择的经济后果研究范围包括审计师选择决策对企业直接产生的影响，如审计师选择对信息质量的影响，对企业经营管理如内部控制质量的影响，对企业成本费用如审计公费的影响，对管理者薪酬契约的影响等；还包括对利益相关者如投资者、债权人、管理层等主体决策的影响，对投资者和债权人决策的影响最终会反映到资本成本指标上来，而对管理层决策的影响会反映到企业经营管理的诸多指标中，如对投资效率的影响；也包括对企业价值这一财务管理终极目标的影响。本书选择企业价值作为研究视角，结合与企业价值实现密切相关因素的考察，对审计师选择的经济后果进行研究。

企业价值是预期未来自由现金流根据加权平均资本成本折现后的现值。因此，审计师选择给企业价值带来的经济后果需要通过影响自由现金流和折现率才能够实现。权益资本成本是影响折现率的重要因素。企业自由现金流主要受企业投资活动的影响，投资效率较高的企业预期会产生较多的自由现金流。大量的研究还表明，内部控制质量是影响权益资本成本和投资效率的重要因素。因此，如果审计师选择能够对内部控制质量、权益资本成本和投资效率产生影响，那么必然会影响到企业价值的高低。本书即是实证检验企业的审计师选择决策是否对内部控制质量、权益资本成本和投资效率产生影响，并运用结构方程模型对审计师选择如何影响企业价值进行路径分析。本书对资本市场审计行业建设和监管、企业审计师选择决策具有重要的政策借鉴意义，对于经济后果方面的研究具有一定的理论价值。

具体来讲，本书主要包括以下研究内容：

第一章：绪论。本章首先通过系统回顾我国审计市场的改革与发展，指明了本书的研究背景，提出了本书的研究意义。其次提出本书的研究目标，并根据研究目标设定具体的研究内容，以支持研究目标的实现。最后介绍了本书的技术路线和研究方法，并且探讨了几点本书可能的创新。

第二章：文献综述。本章分别对审计师选择与内部控制质量、权益资本成本和投资效率等传导因素相关的研究文献进行了系统回顾，在充分肯定前人研究贡献的基础上，指出前人研究中可能存在的不足，奠定了本书的基础；最后对审计师选择与企业价值有关的文献进行了系统回顾和梳理。在上述文献回顾的基础上，确定了本书的研究方向。

第三章：理论基础。本章运用委托代理理论、信息不对称理论、信号传递理论和审计功能理论对审计师选择产生经济后果的机理进行深入分析，具体来说，即是探讨审计师选择如何影响权益资本成本、内部控制质量、投资效率，最终影响企业价值。

第四章：审计师选择与内部控制质量。本章利用迪博公司发布的内部控制指数作为内部控制质量的代理变量，基于理论分析构建审计师选择与内部控制质量之间的经济计量模型，并运用我国 A 股资本市场数据对审计师选择如何影响内部控制质量进行实证检验。研究发现，选择国际四大审计师有助于被审计单位提升内部控制质量，选择国内十大审计师对被审计单位内部控制质量的提升有显著作用；选择行业专长审计师对被审计单位内部控制质量的提升具有显著作用；审计师组织形式的变化对被审计单位内部控制质量产生了积极影响；审计任期的延长有助于被审计单位内部控制质量的提升，但审计任期二次项的加入使得检验结果不再显著。

第五章：审计师选择与权益资本成本。本章利用我国 A 股资本市场数据，基于理论分析构建审计师选择与权益资本成本之间的经济计量模型，利用国泰安数据库中的分析师预测数据，运用剩余收益（GLS）模型计算权益资本成本，检验审计师选择对权益资本成本的影响。通过研究发现，选择大规模审计师和行业专长审计师能够显著降低权益资本成本。具体来说，国际四大审计师能够通过其较强的信息功能和保险功能以及信号传递功能降低财务报告年度和下一年度的权益资本成本，而国内十大审计师只能通过其较强的信息功能和保险功能降低财务报告年度和下一年度的权益资本成本，行业专长审计师只能通过其较强的信息功能降低财务报告年度和下一年度的权益资本成本；选择特殊普通合伙制审计师对权益资本成本的影响只在 2011 年实施转制的前后存在显著区别；审计任期的延长有助于被审计单位降低权益资本成本，两者之间并未呈现"U"型关系。

　　第六章：审计师选择与投资效率。本章运用 Richardson（2006）模型得到的残差作为企业投资效率的代理变量，根据理论分析构建审计师选择与投资效率之间的经济计量模型，运用我国 A 股资本市场数据，对两者之间的关系进行了实证检验。研究发现，选择国际四大审计师对于财务报告年度的非效率投资、过度投资和投资不足具有一定程度的抑制作用，而对财务报告下一年度总体的非效率投资、过度投资和投资不足具有一定的抑制作用，将国际四大审计师与国内六大审计师混合在一起的检验则表明选择十大审计师能够更加有效地抑制过度投资，但选择国内十大审计师与国内非十大审计师相比，在抑制被审计单位非效率投资方面不存在显著区别；选择行业专长审计师对财务报告年度和下一年度的非效率投资、过度投资和投资不足具有较强的抑制作用；审计师组织形式的变化未能对投资效率产生影响；审计师任期与非效率投资之间呈现"U"型关系，而且这种关系体现在总体的非效率投资、过度投资和投资不足上。

　　第七章：审计师选择与企业价值。本章抛开内部控制质量、权益资本成本和投资效率等传导因素的作用，通过一定的理论分析，直接构建审计师选择与企业价值之间的回归计量模型，并运用我国 A 股资本市场数据对两者之间的关系进行实证检验。研究发现，选择大规模审计师有助于企业价值的提升；选择行业专长审计师并不能显著提升企业价值；审计师组织形式变化对企业价值的提升作用也主要体现在 2011 年实施转制组转制前后的比较上；审计师任期与企业价值的关系表现为显著的倒"U"型关系。

　　第八章：审计师选择影响企业价值的路径检验。本章将审计师选择与内部控制质量、权益资本成本、投资效率和企业价值纳入同一个理论框架体系中，构建了审计师选择影响企业价值的结构方程模型，运用我国 A 股资本市场数据对审计师选择到企业价值的作用路径进行了实证检验。研究发现，审计师选择通过影响内部控制质量，进而影响权益资本成本和投资效率，并最终影响企业价值的作用路径通过检验；审计师选择通过直接影响权益资本成本和投资效率最终影响企业价值的作用路径也通过检验。只是在过度投资样本组中，过度投资对企业价值的作用路径未通过显著性检验。

　　第九章：研究结论、政策建议与研究展望。本章首先对前述理论分析和实证研究的结果进行系统总结，对审计师选择与权益资本成本、内部控制质量、投资效率和企业价值之间的关系进行系统归纳。其次，根据上述理论分析和实证研究的结论，本书认为，应当进一步推动事务所做大做强战略，提升国内大规模审计师的市场声誉；鼓励审计师发展行业专长战略，提升传统审计服务中的增值服务；进一步加强审计行业相关的法治建设，强化审计师的法律责任；放松企业审计师选择中的管制，发挥审计师选择的市场调节功能。最后，本书还存在受限于债务资本成本的数据获取无法对该部分内容进行考察、传导因素的选择理论依据需要深化、结构方程模型的应用以及代理变量的选择还需要深化等研究局限，需在未来的研究中针对上述研究局限予以进一步改进。

本书主要可能的创新在于：

（1）研究视角上。首先，对行业专长、事务所组织形式和审计任期的经济后果进行了研究。既往的理论研究多选择审计师规模考察审计师选择的不同经济后果，然而行业专长、事务所组织形式和审计任期均会对审计师的审计行为产生影响，进而会产生不同的经济后果，但鲜有文献对这方面特征审计师选择的经济后果进行研究，本书试图对此问题进行考察。其次，在权益资本成本的研究中，本书还试图考察了不同特征审计师的不同功能对权益资本成本的影响，为后续审计师功能的实证研究提供了有益启示。

（2）研究内容上。首次系统对审计师选择如何通过影响内部控制质量、权益资本成本和投资效率等传导因素并最终影响企业价值的经济后果进行考察。既往的研究多考察不同特征审计师是否降低了代理冲突、是否传递了高质量的信号等，鲜有研究考察不同特征审计师对企业经营管理如对权益资本成本、内部控制质量、投资效率等方面的影响，进而考察不同特征审计师对企业价值的影响，本书试图对这些问题进行解答。

（3）研究方法上。一方面，充分考虑审计师选择可能产生的内生性问题。在审计市场上，审计师选择并不是随机的，很可能是高质量企业选择高质量审计师，低质量企业选择低质量审计师，因而在研究审计师选择的经济后果时需要控制住审计师自选择带来的内生性问题。本书试图通过 Heckman 二阶段回归等方法控制该问题的影响。另一方面，运用结构方程模型对审计师选择影响企业价值的作用路径进行实证检验。审计师选择对企业价值的影响并非是直接的，而是需要通过中间因素的传导作用，通过结构方程模型可以对这种作用路径进行实证检验。

关键词：审计师选择；经济后果；企业价值；路径分析

目 录

第一章 绪 论

第二章 文献综述

图目录

表目录

第一章 绪 论

第一节 研究背景和研究意义

一、研究背景

外部审计作为公司治理的重要手段，能够降低委托代理之间的信息不对称程度，缓解委托代理双方的代理冲突，对企业的经营管理以及企业价值最大化目标的实现具有重要影响。外部审计能否对企业的经营管理以及企业价值提升起到积极的作用，主要取决于审计质量的高低。为了提升审计质量，我国政府推动审计行业进行了一系列的改革。

鉴于事务所规模对审计质量具有重要影响，2007 年 5 月 26 日，中国注册会计师协会（以下简称中注协）下发《中国注册会计师协会关于推动会计师事务所做大做强的意见》的通知，由政府推动的事务所做大做强战略开始正式实施，通知提出做大做强战略的总体目标是用 5~10 年的时间，发展培育 100 家左右具有一定规模、能够为大型企业和企业集团提供综合服务的事务所，在此基础上，发展培育 10 家左右能够服务于中国企业"走出去"战略、提供跨国经营综合服务的国际化事务所；2012 年 6 月 8 日，中注协又发布了《关于支持会计师事务所进一步做强做大的若干政策措施》的通知，将事务所做大做强战略进一步推向深入，该通知从更加具体的措施上，如会费返回、业务承接等方面，对事务所做大做强战略的实施进行了支持。与事务所做大做强战略有关的文件如表 1-1 所示。2013 年，中注协发布的会计师事务所综合评价前百家信息显示，瑞华会计师事务所首次超越安永华明会计师事务所，跃居百强榜的第三位。尽管瑞华在 2013 年 4 月 30 日中注协规定的事务所排名信息上报截止日完成合并，并同日上报信息，引起了不小的非议，但是仍然作为我国事务所做大做强战略的标志性事件被广泛报道。2014 年中注协发布的百强榜显示，瑞华和立信会计师事务所超越安永华明和毕马威华振会计师事务所，跃居百强榜的第三、第四位，事务所做大做强战略取得重大突破。事务所采取规模化市场战略的直接后果就是导致审计市场结构呈现出越来越集中化的特征，Francis 等（2013）发现，国际四大审计师会计师事务所在世界范围内的平均市场占有率为 59%，其中在匈牙利的市场占有率最高，达到 93%，而在中国的市场占有率最低，只有 17%。规模化最终会导致寡占型的市场结构，然而，寡占型的市场结构并不会对审计市场造成损害（刘明辉和徐正刚，2006）。

表 1-1　会计师事务所做大做强战略相关文件

发布时间	文件名	文件主要内容
2007 年 5 月	《中国注册会计师协会关于推动会计师事务所做大做强的意见》	做大做强的总体目标、结构调整、国际化、文化建设、内部治理、国际趋同等
2012 年 6 月	《关于支持会计师事务所进一步做强做大的若干政策措施》	强强合并、事务所转制、业务拓展、会费返还等
2013 年 3 月	《支持会计师事务所进一步做强做大若干政策措施奖励资金申报办法》	适用范围、申报期间、申报材料等进行详细规定
2013 年 8 月	《关于提升注册会计师行业服务金融业发展能力的若干意见》	金融人才"团队化"培养、职业网络、专业建设、品牌建设、平台建设等

资料来源：笔者整理。

全国人大常委会于 2006 年 8 月修订通过的《合伙企业法》中增加对特殊服务行业可以采取特殊普通合伙制组织形式的规定。2007 年 3 月，深圳颁布《深圳经济特区注册会计师条例》，其中首次提出可以设立特殊的普通合伙制会计师事务所。为了进一步支持事务所做大做强战略，2010 年 1 月 27 日，财政部发布《财政部关于推动大中型会计师事务所采用特殊普通合伙组织形式暂行规定》，其中提出要大力推行特殊普通合伙制。为了响应财政部的规定，我国大型会计师事务所都纷纷转制为特殊普通合伙制会计师事务所。我国会计师事务所组织形式呈现出有限责任制、合伙制和特殊普通合伙制并存的状态。不同的事务所组织形式下事务所以及注册会计师具有不同的法律责任，法律责任的增大会促使审计师更加谨慎执业，因而理论上会对审计质量产生积极影响。截至 2013 年底，我国会计师事务所转制情况如表 1-2 所示。

表 1-2 会计师事务所转制情况统计

转制事务所名称	转制时间	转制年度
中瑞岳华会计师事务所	2011 年 2 月	2011
天健会计师事务所	2011 年 6 月	2011
大华会计师事务所	2011 年 9 月	2011
大信会计师事务所	2011 年 8 月	2011
天职国际会计师事务所	2011 年 11 月	2011
信永中和会计师事务所	2011 年 12 月	2011
致同会计师事务所	2012 年 6 月	2012
华寅五洲会计师事务所	2012 年 7 月	2012
毕马威华振会计师事务所	2012 年 7 月	2012
德勤华永会计师事务所	2012 年 9 月	2012
安永华明会计师事务所	2012 年 9 月	2012
普华永道中天会计师事务所	2012 年 12 月	2012
广东正中珠江会计师事务所	2013 年 9 月	2013
众华会计师事务所	2013 年 12 月	2013
上会会计师事务所	2013 年 11 月	2013
希格玛会计师事务所	2013 年 6 月	2013
中汇会计师事务所	2013 年 12 月	2013

随着审计市场竞争的日趋激烈，低成本式的竞争战略给行业发展带来了很多的负面影响，事务所开始考虑采取差异化的竞争战略以获取竞争优势，其中发展行业专长即是非常重要的一种竞争战略。据报道，京都天华会计师事务所正致力于商业银行上市业务的市场开拓，而立信会计师事务所则集中力量主攻汽车行业的咨询业务。行业专长战略使事务所在竞争中能够集中精力于特定行业的业务发展，学习效果非常明显，而且从风险导向审计的实施要求来看，对审计师的行业专长也提出了更高的要求，审计师不仅需要对被审计单位所在的行业有全面整体的把握，而且需要深入理解行业状况对被审计单位经营目标及其对财务报表的重大影响。只有这样，审计师才能在外部环境和被审计单位内

部经营之间，被审计单位经营目标、战略、经营风险、重大错报风险之间建立起有效的联系。审计师需要熟知行业现状，把握行业动态，理解被审计单位战略，掌握被审计单位经营的主要环节，识别被审计单位的经营风险，这就要求事务所应当具备一定行业专业化的特征。有资料显示，20世纪70年代初，普华会计师事务所在美国娱乐业、办公室设备制造业、石油业、钢铁和煤炭业的审计市场中分别占有48%、70%、44%和61%的份额，其他大型会计师事务所在特定行业的市场份额也接近或超过50%，表明普华会计师事务所在这些行业建立了自己的行业专长，而毕马威则宣称其在银行、保险、汽车、医药等九个行业建立了行业专长。De Beelde（1997）调查了美国、英国等十四个国家上市公司审计市场的行业集中度和事务所行业专长情况，发现前四大事务所的行业集中度平均为60%，但是在不同行业之间有显著的差异；在国际"四大"事务所中，安永在汽车和计算机行业，毕马威在银行和保险业，普华在计算机、矿产、通信业，安达信在宾馆、通信和公用事业行业以及永道在通信业具有显著的行业专长优势。事务所依靠规模和行业专长在审计市场展开竞争，对审计市场结构的形成和变化产生重要影响（刘明辉等，2003）。

在事务所向客户提供服务的过程中，事务所与客户之间的关系也会对提供审计服务的质量产生影响，而审计任期是影响两者关系的重要因素，因此审计任期也受到理论界和实务界的关注。在市场竞争异常激烈的中国审计市场中，为了争夺客户资源，审计师很有可能会丧失独立性，而较长的审计任期更加大了审计师独立性丧失的可能性，因而会对审计质量造成负面影响。我国于2004年1月1日开始实施签字注册会计师定期轮换制度，规定签字注册会计师及审计项目负责人的审计服务期限达到或超过五年（连续计算）的，应当对签字注册会计师或审计项目负责人进行轮换。

我国审计行业的一系列由政府推动的自上而下的强制性制度变迁（刘明辉和汪寿成，2008），使审计市场结构发生重大变化，企业在聘任审计师决策过程中有了更多的选择权，其可以根据企业自身的需要在不同规模、行业专长和组织形式的审计师中进行选择，还可以对审计师任期进行合理的决策。企业选择审计师的决策过程与选择其他商品或服务供应商的过程并没有本质区别，主要是根据自身需求，充分考虑商品或服务的价格、相关服务的价格、功能等因素是否与自身的需求和支付能力相匹配（刘明辉，2006），最终选择合适的供应商。就审计师选择而言，企业主要是考虑内部的代理冲突、信息不对称程度给企业带来的负面影响是否需要通过选择能够提供高质量审计服务的审计师予以应对，而不同特征的审计师除了能够提供不同质量的审计服务外，其服务的价格、服务的增值功能也存在差别，上述这些差别会给企业带来不同的经济后果。

目前对于审计师选择的经济后果的研究，多是以审计师规模作为审计师选择的代理变量，少量的研究考察了行业专长审计师选择的经济后果，而对于组织形式和审计任期的经济后果研究不够充分，对于经济后果的考察，主要着眼于对信息不对称程度、代理冲突的影响，未能进一步考察对企业价值的影响。然而审计师选择并不能直接对企业价值产生影响，需要通过权益资本成本、内部控制质量和投资效率对折现率和自由现金流产生影响后才能最终对企业价值产生影响。因此，本书在分别考察审计师选择对权益资本成本、内部控制质量、投资效率和企业价值影响的基础上，还将上述因素纳入同一个框架体系中，运用结构方程模型检验了审计师选择影响企业价值的作用路径。

二、研究意义

从实践意义来看，外部审计作为公司治理的重要组成部分，受到企业、投资者、政府等多个利益相关方的关注。审计师选择虽然受到企业内部代理冲突等因素的影响，但是其能有效缓解企业委托代理双方的代理冲突，降低企业委托代理双方的信息不对称程度。如果审计师选择影响了企业的代理冲突和信息不对称程度，那么能否进一步对企业的经营管理最终对企业价值产生影响？通过考察审计师选择对权益资本成本、内部控制质量和投资效率等传导因素，最终考察审计师选择对企业价值的影响，对于当前我国会计师事务所的发展战略调整、实证评价我国会计师事务所有关的行业发展效果、加强资本市场审计行业监管以及保护利益相关者的切身利益，具有重要的现实意义。

从理论意义来看，本书在充分借鉴前人研究审计师选择对企业代理冲突、信息不对称的基础上，充分借鉴委托代理理论、信息不对称理论和信号传递理论，融合审计的功能理论，将企业的需求和审计的功能结合起来，理论分析了审计师选择如何对内部控制质量、权益资本成本、投资效率和企业价值产生影响，在进行多元回归分析的基础上，运用结构方程模型验证了审计师选择影响企业价值的作用路径。因此，本书有利于拓展审计师选择的经济后果、审计师选择影响企业价值的作用机理等方面的理论，同时在提供基于中国背景的经验证据方面，也具有较高的理论价值。

第二节 相关概念界定

一、审计师选择

在审计研究领域，审计师选择是被频繁使用的一个概念，但鲜有文献对其内涵进行界定。企业选择审计师的决策过程与选择其他商品或服务供应商的过程并没有本质区别，主要是根据自身需求，充分考虑商品或服务的价格、相关服务的价格、功能等因素是否与自身的需求和支付能力相匹配（刘明辉，2006），最终选择合适的供应商。陈丽蓉和周曙光（2010）认为，审计师选择是指审计需求者结合自身对审计质量的需求，在考虑会计师事务所的品牌、声誉、规模等因素之后，选择某一会计师事务所为其提供审计服务的行为。不同的审计需求者对审计质量的要求不同，而对不同审计质量的需求会转化为对不同审计师的需求，审计需求转化为现实的行动则为审计师选择。

大量的文献对审计师选择的影响因素和经济后果进行了研究，从既有文献明示或暗示性地对审计师选择概念的运用来看，审计师选择主要是对下列不同特征审计师的选择：

（1）不同规模审计师的选择。规模化和差异化是事务所常用的两种市场竞争战略。在大多数的审计师选择研究文献中，审计师选择即是指对不同规模审计师的选择。Copley 和 Douthett（2002）以事务所规模作为审计师选择标准，对 Datar 等（1991）和 Hughes（1986）关于审计师选择、信息披露质量和首发市场上发行人保留持股比例之间的理论关系进行了检验。Fortin 和 Pittman（2007）以四大审计师为标准，检验了审计师选择对债务资本成本的影响。Michas（2011）以四大审计师为标准，研究了新兴市场审计行业发展程度对审计师选择以及对信息质量的影响。Ho 和 Kang（2013）以事务所规模作为审计师选择的标准，研究了家族企业的代理冲突对审计师选择的影响。Kang（2014）进一步以审计行业专长为标准，对家族企业代理冲突对审计师选择决策的影响进行了研究，得出了与前文相反的研究结论。Srinidhi 等（2014）也是以审计行业专长为标准对家族企业审计师选择问题进行了检验，得出了与 Kang

（2014）一致的结论。龚启辉等（2012）、张敏等（2012）、于富生和王成方（2012）、倪慧萍和王跃堂（2012）、赵峰和高明华（2013）、廖义刚和吴斯卉（2013）、罗明琦和赵环（2014）、崔婧和余德慧（2014）、徐向艺和方政（2014）等以审计师规模为标准，对审计师选择的影响因素进行了考察。而胡苏（2011）、张敏等（2011）、杨蓓和张俊瑞（2011）、黄新建和冉娅萍（2011）、杜兴强等（2012）、谢志明等（2012）、余玉苗和王宇生（2012）、史忠党等（2013）、魏旭等（2013）、史永（2013）、雷光勇等（2014）、叶若慧等（2014）、张子健等（2015）等大量文献以审计师规模作为选择的标准，考察了审计师选择产生的经济后果。

（2）不同行业专长审计师的选择。事务所采取的另外一种竞争战略就是差异化，在特定的行业发展审计行业专长，形成自身的核心竞争力。然而，在审计行业专长有关的研究文献中，鲜有文献明示性地使用审计师选择这一概念，但从其研究的内容来看，是企业选择不同行业专长审计师的影响因素和经济后果，如 Godfrey 和 Hamilton（2005）考察了研发投入对企业选择行业专长审计师的影响，发现研发投入越大的企业，越倾向于选择在研发成本审计领域具有行业专长的审计师，以降低其中的代理冲突。更多的研究则考察了选择行业专长审计师产生的不同经济后果，如 Fung 等（2012）、Bills 等（2014）、Xie 等（2012）等的研究，陈小林等（2013）、谢盛纹和田莉（2014）、乔贵涛等（2014）、闫焕民等（2020）的研究均考察了选择行业专长审计师的经济后果问题。

（3）不同组织形式审计师的选择。不同组织形式的审计师之间的根本差异在于投资人或者合伙人的法律责任不同，从而导致审计师在提供审计服务时的行为出现差异，最终产生不同的经济后果。Lennox 和 Li（2012）以英国审计师可以变更为有限责任合伙制组织形式为背景，考察了客户是否会放弃聘任那些实施转制的审计师进行审计，结果并未发现从普通合伙制转制为有限责任合伙制之后导致客户的流失。Firth 等（2012）以中国会计师事务所脱钩改制为背景，研究了合伙制和有限责任制事务所在报告稳健性方面的差异，发现合伙制事务所更容易出具非标准审计意见。国内李江涛等（2013）、刘丹（2014）、周中胜（2014）、刘行健和王开田（2014）、何琳洁等（2017）对不同组织形式的审计师如何影响审计质量和审计收费进行了研究。

（4）审计师任期的决策。在事务所提供审计服务的过程中，审计任期的长短对审计师的行为也存在一定的影响。为了应对这种影响，世界各国普遍对审计任期设置了轮换制度。理论界对于审计任期与审计师行为之间的关系进行了大量研究（Carcello and Nagy，2004；Carey and Simnett，2006；Ghosh and Moon，2005）。朱松等（2010）、刘继红（2011）、宋衍蘅和付皓（2012）对审计师任期对审计质量和会计信息质量的影响进行了研究。

（5）事务所规模、审计行业专长、事务所组织形式、审计任期对审计师的审计行为具有重要影响，从而产生了不同的经济后果。企业在选聘审计师的过程中，总是从自身的动机出发，根据特定的需要选择不同特征的审计师，以实现特定的目的。从既往对审计师选择的研究来看，多数是以事务所规模作为审计师选择的代理变量对其影响因素和经济后果进行研究，少量研究对行业专长审计师选择的影响因素进行了检验，鲜有研究对行业专长审计师选择的经济后果进行考察，更鲜有研究对事务所组织形式和审计任期的经济后果进行考察。

根据上述分析，本书将审计师选择界定为对事务所的规模、行业专长、事务所组织形式和审计任期权衡后，从自身动机出发最终决定选择具有何种特征审计师的决策行为。

二、经济后果

Zeff（1978）将经济后果定义为：会计报告对企业、政府和债权人决策行为的影响。Zeff 以 1947~1948 年的高通货膨胀时期美国几家公司试图实行重置成本会计为例阐述了经济后果的概念，管理者表现出更偏爱重置成本折旧，以支持降低税负、降低工资涨幅，避免让公众误认为公司具有超额盈利能力。表明会计政策的选择确实会对企业、政府和债权人等利益相关者的决策行为产生影响。Scott（1997）认为，不论有效证券市场理论的含义如何，会计政策的选择会影响公司价值。会计政策（Accounting Policies），是指企业进行会计核算和编制会计报表时所采用的具体原则、方法和程序。然而 Scott 指出，这里的会计政策是指任何类型的会计政策，而不仅是指影响企业现金流量的某一项会计政策。从本质上来说，经济后果观就是认为公司的会计政策及其变化是有影响的。它首先影响管理者，影响管理者也会影响到拥有公司的投资者，因为由于会计政策的变化，管理者很可能改变企业的实际经营策略。

王跃堂（2000）对此进行了进一步的解释，即尽管有效的资本市场能够通过充分披露的会计信息来识破由会计政策变动所引起的盈余变化，从而不做出价格反应，但是会计政策的改变仍然会影响公司的利润，进而影响公司的契约成本并最终对管理层的决策产生影响，甚至对公司价值产生影响。雷光勇等（2001）认为会计天然就具有经济后果，只是在 Stephen A. Zeff（1978）提出经济后果之前，人们更多地关注会计在资源配置过程中的效率问题。对此，他们认为经济后果是指："各社会经济主体通过利用会计信息在他们中间进行财富的非公平性转移而带来的社会性后果。"关于经济后果的影响，主要有三个方面：第一，股东、投资者和债权人会针对不同的报告信息，实施不同的决策行为；第二，企业的竞争对手、客户和供应商等也会根据会计信息采取不同的决策；第三，企业为了获得良好的市场形象和公司价值最大化，会有目的地选择会计政策和披露战略。

综合上述经济后果的定义可以看出，首先，会计政策变化是否能够对企业及利益相关方的决策产生影响是促使经济后果学说产生的本源问题；其次，经济后果包括对企业经营决策的直接影响，还包括对外部利益相关者决策的影响；最后，经济后果也包括对企业价值的影响。随着经济后果研究的逐步深入，现有的研究已不再局限于会计政策变化产生的经济后果，企业的任何决策都可能对企业其他决策、利益相关者决策以及企业价值产生影响，从而具有经济后果。本书即是对企业审计师选择决策的经济后果进行研究。根据上述对经济后果概念的分析，审计师选择的经济后果包括审计师选择决策对企业经营决策的直接影响、利益相关者的影响和企业价值的影响，如图 1-1 所示。

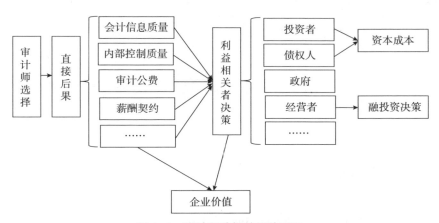

图 1-1　审计师选择的经济后果

本书选择企业价值这一财务管理的终极目标作为经济后果的落脚点对审计师选择的经济后果进行研究。审计师选择是否能够对企业价值产生影响，从而带来一定的经济后果？根据企业价值的定义，企业价值是预期自由现金流根据加权平均资本成本折现后的现值。如果能够对企业价值产生影响，那么必然是通过影响预期自由现金流和折现率进而影响企业价值，而影响预期自由现金流的主要是企业的投资效率，权益资本成本与折现率密切相关。同时，根据既往的研究，内部控制质量同时能够对权益资本成本和投资效率产生影响，因此如果审计师选择能够对内部控制质量、权益资本成本和投资效率产生影响，必然能够影响企业价值。上述逻辑思路如图 1-2 所示：

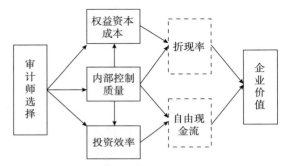

图 1-2　审计师选择影响企业价值的逻辑框架

本书后续章节首先对审计师选择与权益资本成本、内部控制质量、投资效率和企业价值之间进行以多元回归分析为主的实证检验，最后将上述因素纳入一个框架体系内，运用结构方程模型对上述影响路径进行实证检验。

第三节　研究目标、研究思路和研究方法

一、研究目标

通过对国内外有关审计师选择和经济后果等方面相关文献进行全面和系统的梳理，充分借鉴前人的研究思路、研究工具和研究方法，发现前人研究中仍然存在不足，作为本书的基础和出发点，是本书的动力和目标所在。一方面，对审计师选择的内涵和外延进行系统梳理，将审计师选择界定为企业根据经营

管理需要对不同特征审计师的选择，将审计师选择的外延界定为从不同规模、行业专长和组织形式的审计师中进行选择，对聘任审计师的审计任期进行合理决策；另一方面，对经济后果的发展历史进行梳理，选择企业价值作为经济后果研究的落脚点，而对企业价值的影响需要通过资本成本和自由现金流的传导才能发挥作用，因而梳理出能够影响企业价值的传导因素：内部控制质量、权益资本成本和投资效率。本书即是研究审计师选择如何通过影响内部控制质量、权益资本成本和投资效率等传导因素，最终影响企业价值。具体来说，本书的研究目标主要包括：

（1）本书立足于中国的制度环境，结合我国会计师事务所行业发展的政策变化，综合运用审计学、经济学和公司治理等相关理论工具深入分析审计师选择影响企业价值的作用路径，揭示审计师选择影响企业价值的传导因素，作为本书的理论基础。

（2）对于内部控制质量，本书分别在不剔除和剔除掉自愿性内部控制鉴证样本点的情形下，在控制其他可能对内部控制质量产生影响因素的基础上，构建审计师选择与内部控制质量之间的经济计量模型，对审计师选择如何影响内部控制质量进行实证检验。

（3）对于权益资本成本，本书运用中国 A 股非金融上市公司数据，根据理论分析提出研究假设，借鉴前人关于权益资本成本的相关研究成果，构建审计师选择与权益资本成本之间的计量经济模型，实证检验审计师选择对权益资本成本的影响。

（4）对于投资效率，本书分别从非效率投资、过度投资和投资不足等情形，尽可能控制住对投资效率产生影响的其他因素，构建审计师选择与投资效率的经济计量模型，进而对审计师选择如何影响投资效率进行实证检验。

（5）对于企业价值，本书首先构建审计师选择与企业价值之间的多元回归经济计量模型，对审计师选择如何影响企业价值进行多元回归的实证检验；其次，将权益资本成本、内部控制质量和投资效率等传导因素与企业价值纳入同一个理论框架中，构建审计师选择到企业价值的结构方程模型，通过路径分析技术，实证检验了审计师选择作用于权益资本成本和投资效率，进而影响企业价值，或者通过作用于内部控制质量；最后，通过影响权益资本成本和投资效率，最终影响企业价值的作用机理。

二、研究思路

基于对中国审计市场改革的现状分析，本书对审计师选择的经济后果进行研究，即审计师选择如何影响内部控制质量、权益资本成本和投资效率，最终影响企业价值进行深入的理论分析和实证检验。本书遵循提出问题—研究基础—理论分析—实证检验—研究结论的思路进行研究，具体的研究思路如图1-3所示。

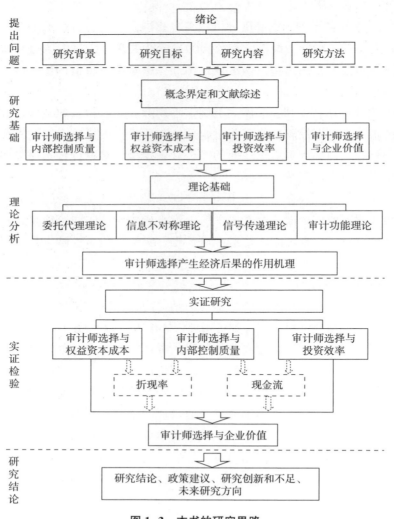

图1-3 本书的研究思路

在文献综述部分，本书主要是对审计师选择与内部控制质量、权益资本成本、投资效率和企业价值相关的文献进行系统回顾和梳理，以充分吸收前人研究中的有益成分，同时分析当前研究存在的争论和不足，从而为本书奠定基础。

在理论分析部分，综合运用委托代理理论、信息不对称理论、信号传递理论和审计功能理论对审计师选择产生经济后果的作用机理进行深入剖析，为后续实证部分的假设提出奠定理论基础。

在实证检验部分，首先根据理论分析的作用机理分别对审计师选择与内部控制质量、权益资本成本、投资效率和企业价值之间的关系提出研究假设；其次，运用中国 A 股资本市场数据对研究假设进行多元回归计量检验；最后，将审计师选择、权益资本成本、内部控制质量和企业价值纳入同一个理论框架中，运用结构方程模型对审计师选择企业价值的作用路径进行实证检验。

在研究结论部分，对理论分析和实证检验的结论进行归纳和总结，并根据本书的研究结论对上市公司审计师选择决策和审计行业发展提出相应的政策建议，然后指出本书尚存的研究不足和未来可能的研究方向。

三、研究方法

本书采取了规范研究与实证研究相结合，以实证研究为主的研究方法。

在规范研究部分，首先，对审计师选择有关的文献、资料进行广泛的搜集与阅读，系统梳理该研究领域的发展脉络，寻找有价值的研究视角；其次，运用委托代理理论、信息不对称理论、信号传递理论和审计功能理论等理论工具对审计师选择可能产生的经济后果进行了深入的理论分析，为后续的实证研究假设的提出奠定基础。

在实证研究部分，充分运用描述性统计分析、相关性分析、单变量组间差异检验、普通最小二乘回归、结构方程模型等分析技术，对审计师规模、审计行业专长、事务所组织形式和审计任期如何影响内部控制质量、权益资本成本、企业投资效率和企业价值产生进行了实证检验；同时为了尽可能控制审计师自选择带来的内生性问题，本书还运用 Heckman 二阶段回归分析技术对此进行了有效的控制。

第二章　文献综述

本章分别从审计师选择与内部控制质量、审计师选择与权益资本成本、审计师选择与投资效率以及审计师选择与企业价值四个方面对相关领域的文献进行系统的梳理和评价，对已有研究成果的贡献和优点进行充分借鉴和吸收，同时对当前研究存在的问题进行总结，从而阐明本书"审计师选择的经济后果研究"的立足点和研究目标。本章的文献综述为后文的理论分析和实证研究奠定了坚实的文献基础。

第一节　审计师选择与内部控制质量

一、国外文献综述

高质量内部控制能够提高应计质量和会计稳健性水平、降低债务资本成本和权益资本成本、降低管理层的机会主义行为和审计收费，因而对内部控制质量的影响因素进行研究，对企业提升内部控制水平进而增加企业价值具有重要意义，理论界对此问题进行了大量的研究。

安然事件发生以后，实务界和理论界对内部控制在防止企业舞弊并提供高质量会计信息方面的作用更加重视。《萨班斯法案》明确规定管理层要对企业内部控制设计和运行的有效性进行自我评价，并聘请会计师事务所对内部控制进行审计。理论界开始对影响内部控制质量的因素进行了大量的研究。Ge 和 McVay（2005）发现，企业内部控制缺陷的披露与企业经营的复杂度呈正相关，与企业规模和盈利能力呈负相关。Ashbaugh-Skaife 等（2007）以《萨班斯法案》302条款生效后 404 条款生效前的内部控制自我评价企业为样本，研究发现，与未披露内部控制缺陷的企业相比，披露内部控制缺陷的企业一般具有更复杂的经营业务、组织结构的变更、更多的会计风险、较高的审计师辞聘和较少的可用于内部控制的资源，其中初步发现审计师的辞聘行为与内部控制缺陷存在与否具有显著的相关性。Doyle 等（2007）进一步将《萨班斯法案》404 条款生效后的企业样本纳入进来进行考察，发现披露内部控制重大缺陷的企业往往都规模比较小、成立时间比较短、财务状况较差、经营较复杂、增长速度较快并且正在经历组织结构的变革，其中并未考察审计在其中可能发挥的作用。然而上述研究可能存在的一个问题是，未披露内部控制缺陷的企业并不意味着其内部控制不存在内部控制缺陷，可能由于某些原因未能披露出来而已，因此将已经披露的企业和未披露的企业进行比较会存在一定的问题。Rice 和 Weber（2012）以财务重述企业为样本（只要发生财务重述就意味着在重述期间必然存在内部控制缺陷），研究发现，只有一小部分企业承认其内部控制存在缺陷，而且这部分企业所占的比重还呈现出逐渐下降的趋势，最后发现这类企业报告内部控制缺陷的概率与外部融资需求、企业规模、非审计收费和审计师规模呈负相关，与财务困境、审计师努力程度、以前是否披露内部控制缺陷和财务重述以及审计师和管理层变更呈正相关，其中也发现了审计师在内部控制缺陷披露中的作用。

上述研究并未重点考察审计师在内部控制缺陷披露中的作用。Krishnan 和 Visvanathan（2007）直接考察了审计师在内部控制缺陷披露中的作用，发现审计师变更与内部控制缺陷的披露呈正相关，表明审计师可能发现了内部控制存在的缺陷，为了避免审计风险而采取了辞聘的行为。Zhang 等（2007）还发现审计师的独立性越强，越能够揭示内部控制中存在的缺陷，因而有助于企业进一步对内部控制中的缺陷进行修正。Naiker 和 Sharma（2009）发现，如果审计委员会中拥有以前参与审计的事务所合伙人，那么会极大地提高内部控制缺陷披露的概率，表明以前参与公司审计业务，有助于董事发现内部控制存在的缺陷。Bedard 和 Graham（2011）发现审计师通过控制测试发现了企业 3/4 的内部控制缺陷，而且与客户相比，审计师能够更加准确地估计内部控制缺陷的严重程度。

二、国内文献综述

国内学者从股权结构（吴益兵等，2009；李颖琦和俞俊利，2012；李志斌和卢闯，2013；储成兵，2013；金岚枫，2015；于晓红和王玉洁，2019）、高管领导能力（李铁宁和罗建华，2011；赵息和张西栓，2013；郭军和赵息，2016）、审计委员会（董卉娜和朱志雄，2012；刘焱和姚海鑫，2014；周泽将等，2020）、董事会（周婷婷，2014；陈汉文和王韦程，2014；曲国霞等，2015；池国华和王珏，2018；凌华和董必荣，2021）、产权性质（刘启亮等，2012；王治等，2015；张友棠和熊毅，2017）、审计师变更（叶陈刚等，2013；张子健，2018）等视角对内部控制质量的影响进行了研究，对改进内部控制质量，提高公司管理水平提出了很多有价值的意见和建议，然而鲜有研究直接从审计师选择视角考察不同特征审计师对改进内部控制方面发挥的作用，只有刘桂春等（2013）对此问题进行了初步研究，发现高质量审计服务能够提升内部控制质量，然而该研究还存在以下三个方面的不足：①样本期间只选择了2010年，样本规模偏小，因而证明力有限；②高质量审计对内部控制改进的作用具有一定滞后性，即当期审计发现内部控制缺陷后，被审计单位需要一定时间对内部控制缺陷进行修正，而该研究并未考虑这种滞后效应的影响；③内部控制审计2011年开始在境内外同时上市的公司中施行，2012年开始在A股主板上市公司施行，但2006年上海证券交易所和深圳证券交易所就分别发布了内部控制指引，倡导上市公司披露内部控制自我评估报告和会计师事务所的审核评价意见，部分上市公司也开始披露自愿性内部控制鉴证报告，内部控制鉴证的部分工作内容和财务报表审计中对内部控制的评价是重叠的，而刘桂春等（2013）的研究未能将自愿性内部控制鉴证企业从样本中剔除，故其结论的可靠性值得商榷。同时，目前还未有文献对事务所组织形式、内部控制质量的影响进行考察。

本书将在改进上述不足的基础上，对审计师选择与内部控制质量的关系进行深入的考察。

第二节　审计师选择与权益资本成本

一、国外文献综述

理论研究表明，高质量会计信息可以降低企业的资本成本（Easley and

O'Hara，2004），实证研究也表明，无论是在投资者法律保护健全、市场完善的美国资本市场，还是其他新兴市场国家，提高信息披露水平均能够降低债务资本成本和权益资本成本（Frankel et al.，1995；Lang and Lundholm，1993，2000；Botosan，1997；Sengupta，1998；Francis et al.，2003）。而高质量审计师的作用即在于发现并纠正财务报告中的错误和舞弊，提高会计信息的可靠性，降低信息不对称程度，因而从理论上分析，高质量审计师应该能够降低企业资本成本，理论界对此问题也展开了大量的研究。

Blackwell 等（1998）研究了自愿性审计对债务资本成本的影响，发现自愿选择审计的企业获得了较低的债务资本成本，不过债务资本成本降低的程度随着企业规模的增大而减弱。Mansi 等（2004）检验审计师选择与债务资本成本之间的关系，研究发现高质量审计师与债务资本成本显著负相关，这种关系在债券被评级为非投资级的企业中更加明显，充分证明了高质量审计师的信息功能和保险功能能够显著降低债务资本成本。Pittman 和 Fortin（2004）对公司刚上市几年的债务资本成本进行研究，发现雇用高质量审计师能够显著降低经营时间较短的上市公司的债务资本成本，而随着公司上市时间的增长，债权人可以获取上市公司信息的渠道越来越多，高质量审计师在降低上市公司债务资本成本方面的作用也越来越小。

Fortin 和 Pittman（2007）利用美国非上市公司的债券评级和定价数据，研究了高质量审计师是否能够降低债务资本成本，研究发现，无论如何筛选样本和稳健分析，均未发现雇用四大审计师的公司具有较低的债务资本成本。对其可能的解释为非上市公司的投资者能够通过私人渠道获取高质量的会计信息，因而四大审计师在降低债务资本成本方面的作用被削弱了。Kim 等（2011）利用韩国的特殊数据，检验了审计师选择对债务资本成本的影响，研究发现，非上市公司中选择自愿审计的企业支付了较低的债务资本成本，但这些公司如果雇用高质量的审计师如国际四大审计师则没有起到进一步降低债务资本成本的作用，这表明审计的存在而非审计的质量对于债权人来说更加重要；对原先未经审计选择自愿审计或者强制审计的检验也发现能够显著降低债务资本成本，该种情况下同样未发现高质量审计师能够进一步降低债务资本成本，而且还发现由未经审计转为自愿审计比强制审计更加能够降低债务资本成本。

高质量信息可以通过提高股票的流动性从而降低权益资本成本（Diamond and Verrecchia，1991），还会通过影响投资者对企业未来现金流与其他企业现金流之间的协方差的评估而影响权益资本成本（Ashbaugh et al.，2009）。审计的作用在于发现和报告公司财务报告中存在的错报，并对财务报告出具鉴证报告（Watts and Zimmerman，1981），这提升了财务报告的可靠性（Jenson and Meckling，1976），从而降低了投资者面临的信息不对称，起到保护投资者利益的作用（陈小林，2013）。研究表明，大规模审计师（Francis and Yu，2009；Choi et al.，2010）、行业专长审计师（Gul et al.，2009；Reichelt and Wang，2010）相对小规模审计师和非行业专长审计师提供了更高质量的审计服务，更加显著地提升了财务报告信息的可靠性，因而大规模审计师和行业专长审计师提供审计服务能够更加显著地降低企业的资本成本。

审计除了信息功能能够降低权益资本成本外，在发生审计失败的情况下向投资者提供了获得赔偿的机会（Dye，1993），因而对于资本市场而言，审计师的存在还具有保险功能（Mansi et al.，2004）。20世纪80年代审计师面临着越来越多的诉讼预示着投资者在遭受投资损失的情形下希望通过起诉审计师获得赔偿，审计师面临着更多的"深口袋"责任。理论界开始考察审计是否存在保险功能，审计的保险功能是否降低了资本成本。1991年LH事务所的破产为审计保险功能的检验提供了机会。Menon和Williams（1994）发现LH事务所宣告破产后其客户的股票经历了显著的负的异常回报，认为这是由于LH事务所的宣告破产，其客户股票价格中由事务所提供的保险价值消失了。Barber等（1995）则认为审计的保险功能和信息功能均能够解释LH事务所宣告破产后其客户股票价格显著下跌的现象，其中从审计的信息功能来看，LH事务所宣告破产，使得投资者对其破产前的财务状况产生担忧，因为处于财务困境中的审计师更多地关注其当前困境，极少关注其胜任能力和独立性方面的高声誉，从而容易出现道德风险，因而其破产前审计的财务报告可靠性值得怀疑。但Lai和Gui（2008）的研究发现，无论是以非标准审计意见还是以操控性应计抑或是操控性应计对未来非操控性净利润的预测能力作为审计质量的代理变量，均未发现LH事务所破产前的审计质量低于其他审计师，因而在一定程度上加强了Menon和Williams（1994）的结论。Lennox（1999）发现大规模事务所更加容易遭受诉讼，并且对这些遭受批评的大规模审计师的需求并未显著降低，因而证明客户也更加看重大规模事务所提供的保险功能。Brown等（2013）进一步利用KPMG事务所在2002~2005年因为向企业提供避税服务而遭受美国司法部调查事件，检验了审计的保险功能，发现当KPMG事务所可能面临刑事指控的时候，其客户股价经历了显著的负的异常回报，而当KPMG事务所与美国司法部达成延迟起诉协议后，其客户股票又经历了显著的正的异常回报，那些处于财务困境或者是面临诉讼风险企业的股票表现更加明显。伍利娜等（2010）利用事件研究法对此进行了检验，发现我国资本市场审计保险功能确实从无到有开始出现。申慧慧等（2010）则从审计供给的角度，发现审计师对环境不确定性的企业更容易出具非标准审计意见，表明审计师通过审计意见来降低未来可能的诉讼赔偿，从而证实了审计保险假说。而韩晓梅和周玮（2013）则发现在我国资本市场上，审计发挥了信息功能，不存在保险功能。

对于审计的保险功能是否降低了资本成本，Mansi 等（2004）利用债券评级未考虑审计师保险功能的假设，采用两步估计的方式，成功将审计的保险功能和信息功能分离开，发现审计的保险功能和信息功能均对债务资本成本具有重要影响。然而 Fortin 和 Pittman（2007）借鉴 Mansi 等（2004）的方法，利用未上市公司债券市场数据，进一步控制住事务所自选择问题后，发现无论是审计的信息功能还是保险功能均未对债券评级和债券定价产生影响。Li 等（2010）同样借鉴了 Mansi 等（2004）的方法，发现行业专长审计师除了具有更强的信息功能外，还提供了保险功能，从而降低了债务资本成本。Chen 等（2011）利用中国资本市场上国有企业和民营企业之间的差异，研究发现大规模审计师能够显著降低民营企业的权益资本成本，而对国有企业降低权益资本成本的作用有限，其解释为政府为国有企业提供的隐形担保替代了审计师的保险功能，从而在一定程度上证明审计的保险功能能够降低权益资本成本。

Khurana 和 Raman（2004）发现在美国资本市场上，选择国际四大审计师能够显著降低权益资本成本，而在澳大利亚、加拿大和英国则未能有效降低权益资本成本，作者认为，存在差异的主要原因在于审计师在美国具有很高的法律诉讼风险。然而 Ghoul 等（2010）利用来自 37 个国家的跨国数据的研究却发现，无论是在审计师法律诉讼风险较高的美国还是其他审计师法律诉讼风险较低的国家，高质量审计师均能够降低权益资本成本。Gul 等（2013）利用跨国数据，也发现了雇用国际四大审计师能够显著降低权益资本成本，不过这种效果在投资者法律保护较强的国家更加明显。Fernando 等（2008）以审计师规模、行业专长、审计任期和非标准审计意见作为高质量审计师的代理变量，研究发现高质量审计师能够显著降低企业的权益资本成本，而且这种效应在小规模客户中更加明显。

然而上述研究并未严格区分审计的功能本身所发挥的作用和审计师特征向市场传递的审计功能差异的信号对资本成本的影响。审计的信息功能在审计工作结束向市场发布审计报告后，市场参与者就能够根据审计工作的结果做出决策，高质量审计师的审计报告有助于高质量的决策；审计的保险功能则需要在投资者根据审计报告做出投资决策遭受损失进行起诉后才能体现，高质量审计师能够对投资者的损失及时足额地进行弥补，这体现出审计的保险功能。而审计功能的信号传递，则是在企业选择审计师的决策作出之后，市场已经根据审计师的某些特征获取了未来信息质量或者是保险能力存在差异的信号，据此做出了相应的投资决策。因此，如果审计师选择能够及时地向市场传递审计功能差异的信号，那么市场效率就会得到极大的提升。

Titman 和 Trueman（1985）首次构建了股票发行企业利用审计师选择进行信号传递的模型，认为拥有关于企业真实价值有利信息的企业可以通过雇用高质量审计师向外界传递企业价值的信号，而且这种机制由于高质量审计师对未来诉讼风险的担忧，那些拥有企业真实价值不利信息的企业无法利用这种机制欺骗投资者。这里其实隐含着高质量审计师的信息功能和保险功能，而且并未严格区分信号传递和其本身功能的区别。Willenborg（1999）首次注意到审计的功能与其功能的信号传递之间的差异，对审计师选择传递了信息质量差异的信号还是传递了保险能力差异的信号进行了研究，发现首发市场上的审计师选择同时传递了这两种信号，而且更加注重审计师保险能力差异的信号。然而上述研究并未关注不同特征（规模、审计行业专长）审计师在审计功能与其功能差异的信号传递方面的差别，本书试图对此进行探讨。

二、国内文献综述

Chen 等（2011）利用来自中国上市公司的数据，认为高质量审计师同时具备信息功能和保险功能，这两种功能会使其显著降低非国有上市公司的权益资本成本，实证结果也证实了理论分析的正确性，然而这种效应在国有企业中却不存在。在研究中国问题时，恰当地划分国有企业和非国有企业进行区别研究是非常重要的。曹书军等（2012）利用中国的上市公司数据检验了高质量审计师是否能够有效降低权益资本成本，研究发现，事务所规模和审计行业专长与权益资本成本显著负相关。王春飞等（2013）则从集团统一审计的视角对高质量审计师能否降低权益资本成本进行了研究，发现集团统一选择小规模事务所进行审计会提高权益资本成本，而集团统一选择大规模事务所则对权益资本成本没有影响。朱丹和李琰（2017）利用中国的上市公司数据研究审计质量对上市公司权益资本成本的影响，研究发现选择高质量审计可以抑制上市公司的权益资本成本，进一步分析表明，上述现象在非国有企业和市场化程度较低区域企业表现更加显著。

上述研究初步证实了审计师选择对资本成本的影响，本书拟选择权益资本成本作为研究对象，主要基于以下三个理由：①债务资本成本在中国目前还受到政府的严格管制，特别是银行在贷款利率方面的自由度还受到较大的限制，因而审计师选择对债务资本成本的作用有限。②债务资本成本分为不同的种类，总体上可以分为银行贷款、企业借款等私债和公司债券、企业债券等公债，提供私债借款的主体往往与受款人具有密切的联系，从而拥有较多的获取私人信息的渠道，其贷款决策会较少地利用公开披露的财务信息，因而审计师选择对其影响有限；对于公债资本市场，我国企业和公司债券市场非常不完善，存在太多的干扰因素。③资本化部分的债务成本无法取得，对债务资本成本的计算形成了较大的干扰。因此，本书选择权益资本成本作为研究对象。

然而国内对审计师选择与权益资本成本之间关系的研究，还存在以下四点不足：①权益资本成本的计算还需要改进；②对审计师选择的内生性问题考虑不足；③未能考虑审计师选择对权益资本成本影响的滞后效应；④尚未有研究考察事务所组织形式、审计任期与权益资本成本之间的关系。本书在充分考虑以上因素的基础上，对审计师选择与权益资本成本之间的关系进行理论分析和实证检验。

第三节　审计师选择与投资效率

一、国外文献综述

投资是企业重要的财务决策之一，关系到企业的生存和发展，对企业价值具有重要影响。由于市场的不完善，企业的投资无法处于最有效率的状态，总是偏离最优投资水平。因此，关于投资效率的研究成为财务领域的重要研究话题。

在 Richardson（2006）的经典论文之前，投资效率的度量成为困扰该领域研究进展的难点，因而之前的研究多是以特殊背景下的企业为样本进行实证检验。Blanchard 等（1994）以 11 家因为法律诉讼的解决而突然获得大笔现金的企业作为样本，初步验证了过度投资、企业并购行为与企业现金持有之间的关系。Harford（1999）利用 487 个并购报价企业为样本，发现现金流丰富的企业更容易参与并购活动，而且并购后企业的经营业绩出现异常的下降。Bates（2005）以 400 家出售子公司的企业为样本，研究发现那些持有较多现金的企业与同行业企业相比更容易进行过度投资。

Richardson（2006）为了用大样本验证过度投资与自由现金流之间的关系，通过理论推导的方式构建了投资效率的经典度量模型，并且证明了自由现金流与过度投资之间的正向关系。解决了投资效率的度量难题之后，理论界从更广泛的视角对投资效率的影响因素进行了研究。代理冲突是产生投资不足或过度投资的重要原因之一（Jensen，1986；Stulz，1990），因而从理论上分析，能够缓解代理冲突的公司治理机制均能够提升投资效率。Eisdorfer 等（2013）发现采用包含更多类债务（Debt-Like）激励方式的企业更容易发生投资不足，而采用更多以权益为基础（Equtiy-Based）的激励方式的企业更容易发生过度投资，充分表明了代理冲突对投资效率的影响。Masulis 等（2007）以公司治理中的重要机制——反并购条款作为研究对象，发现反并购条款的存在更容易导致管理层投资于无效的并购项目，表明差的公司治理能够导致企业过度投资，而 Bertrand 和 Mullainathan（2003）与 Giroud 和 Mueller（2010）则发现反并购条款的存在容易导致公司投资不足，尽管研究结论相互冲突，但均表明公司治理机制能够对投资效率产生影响。Harford 等（2008）发现受控制约束较少的管理层更倾向于把现金用于并购和资本支出。Billett 等（2011）发现具有良好治理的公司，大型投资项目之间的间隔时间显著长于公司治理较差的企业，这与公司治理能够抑制企业过度投资的观点是一致的。

存在代理冲突的企业，管理层产生了通过过度投资或投资不足获取私利的动机，而委托代理双方的信息不对称则为管理层通过投资决策获取私利创造了条件，因此信息质量的高低也会对投资效率产生重要影响。Biddle 和 Hilary（2006）首次对会计信息质量与投资效率之间的关系进行了考察，不过其对投资效率的度量方式采用的是投资现金流敏感性指标，研究发现会计信息质量确实能够提高投资效率。Verdi（2006）也证明了会计信息质量与过度投资和投资不足之间的负相关关系，而且进一步发现这种关系在面临融资约束的投资不足企业和具有较多现金余额的过度投资企业中更加明显。McNichols 和 Stubben（2008）以由于会计违规被 SEC 调查、被股东起诉和财务报表重述作为盈余管理的代理变量，发现发生会计违规和财务重述的期间存在明显的过度投资现象，而在会计违规被纠正、财务重述公告后，过度投资现象明显降低，以操控性收入和应计作为盈余管理的代理变量也发现了类似的结论，表明高质量会计信息能够提高投资效率。Lara 等（2009）以会计稳健性作为信息质量的代理变量，研究发现会计稳健性与过度投资和投资不足之间均存在负向关系，表明高质量会计信息能够提高投资效率。Ahmed 和 Duellman（2011）还进一步从会计稳健性能够改善投资效率出发，认为会计稳健性高的企业应该具有较强的未来盈利能力，较低的未来特殊项目费用（Special Items Charges），其实研究也证明了上述推论的正确性，从侧面印证了会计稳健性对投资效率的影响。Chen 等（2011）以新兴市场的非上市企业为样本对财务报告质量与投资效率之间的关系进行了研究，发现财务报告质量与投资效率之间存在正相关关系，而且这种关系的强度会随着银行借款动机或避税动机的存在而提高或降低。

二、国内文献综述

国内研究者也对投资效率的影响因素进行了广泛的研究，分别从产权性质（辛清泉等，2007；安灵等，2008；张栋，2009；陈艳，2009；伍中信和李芬，2010；陆瑶等，2011；李延喜等，2015；朱信凯和徐星美，2016；赵艺和倪古强，2020）、代理冲突（彭程和刘星，2007；李胜楠，2008）、会计信息质量（王宇峰和苏逐妍，2008；孙刚，2010；黄欣然，2011；张国源，2013；韩国文和赵刚，2016；孙成刚和黄晓波，2017）、所有权（徐玉德和周玮，2009）、负债（朱磊和潘爱玲，2009；任玎，2016；花中东等，2017；刘轶等，2020）、公司治理（方红星和金玉娜，2013；谭力和杨苗，2013；王艳林和薛鲁，2014；关宇航和师一帅，2019）等视角考察了影响投资效率的机理并提供了大量的实证证据。总体而言，基本是从代理冲突和信息不对称视角对此进行理论分析的。审计作为提高会计信息质量的一种制度安排，应当能够通过降低信息不对称对企业的投资效率产生影响。然而鲜有文献对此进行研究，目前国内只有李青原（2009）、雷光勇等（2014）、赵保卿和徐豪萍（2017）对此进行了初步考察，然而上述研究仍然存在一定的不足：①只考虑了审计师规模差异对投资效率的影响，未考虑审计行业专长对投资效率的影响，而且对审计师规模的划分过于粗糙，只是考虑国际四大审计师和非国际四大审计师，或者是十大和非十大，没有对国内事务所进行规模划分，无法检验国内事务所规模差异对投资效率的影响，对不同规模事务所之间的比较检验过于粗糙；②事务所组织形式和审计任期会影响审计师行为，从而可能会影响投资效率，上述研究也未予以考察。

基于上述研究，本书试图对审计师选择与投资效率之间的关系进行深入考察。

第四节　审计师选择与企业价值

一、国外文献综述

企业价值最大化是现代企业所追求的目标，因此能否持续创造价值也成为衡量一家企业成功与否的标志。然而，由于现代企业天然的股东与管理层代理冲突（Aggarwal and Samwick，2006）及信息不对称现象（Richardson，2006）的存在，给企业价值创造带来了消极影响。因而，如何降低所有者和管理者之间的代理冲突以及信息不对称水平，进而提升企业价值，实现股东财富最大化成为财务研究领域最具价值的研究话题，理论界对此问题进行了广泛的探讨。

所有者和管理者之间的代理冲突导致管理者有动机在企业经营中利用某些机制（如关联交易等）做出有利于实现管理层私利而损害企业价值的决策，因而这些机制是否真的被管理层用来实现个人私利而损害企业价值一直是理论界的研究热点。"掏空观"和"效率观"是关联交易对企业价值产生影响的两种观点。"掏空观"主要体现在控股股东通过管理层利用关联交易手段对上市公司进行"掏空"，从而损害企业价值（Johnson et al.，2000）。Claessens 等（2006）对 1994~1996 年 9 个东亚国家上市公司的研究发现，当上市公司为集团控制且控股股东的两权分离度较高的公司，其市场价值更低。Jiang 等（2010）发现，控股股东占用上市公司的关联方借款比例越高，企业未来的会计绩效越差，企业越有可能陷入财务困境。关联交易对企业价值的"效率观"主要体现在降低企业集团内部的交易成本（Claessens and Fan，2002）、促进集团内部的资本配置和投资经营活动（Khanna and Palepu，2000）等方面。这方面的发现比较有限，并且主要是与"掏空"解释同时出现。

代理冲突只是为相关利益方获取私利、损害企业价值提供了动机，而信息不对称则为动机的实施进而对其行为进行隐瞒提供了机会，因而信息不对称也会对企业价值产生影响。信息不对称通过影响企业的资本成本进而影响企业价值，而信息不对称的一个典型表现就是低质量的会计信息，大量研究发现，会计信息质量不仅影响权益资本成本，还会影响债务资本成本。Diamond 和 Verrecchia（1991）认为信息披露水平会改变股票的市场流动性，进而降低权益资本成本。Easley 和 O'Hara（2004）通过理论推导，认为公共信息和私有信息的分布会影响资本成本，因为拥有私有信息的投资者会通过及时改变投资组合降低风险，而没有私有信息的投资者只能通过提高其期望回报率的方式应对风险。Lambert 等（2007）通过理论分析，认为会计信息能够通过直接和间接两种方式影响资本成本，直接方式是会计信息可以改变企业现金流与其他企业现金流的协方差，间接方式是通过影响企业的具体决策，从而影响企业的现金流与该现金流和市场现金流协方差的比率。Hughes 等（2007）认为风险溢酬等于贝塔和风险因子的乘积，在总信息量不变的情况下，信息不对称会提高风险因子的水平，从而提高资本成本。上述文献充分表明，信息质量会影响资本成本，进而影响企业价值。

二、国内文献综述

国内学者也从多个视角对企业价值的影响因素进行了研究，如郑国坚等（2007）发现，企业价值与关联交易程度存在"N"型关系，同时支持"掏空观"和"效率观"两种解释。又如邵毅平和虞凤凤（2012）发现关联交易对企业价值的影响主要体现在交易是否公允上。黄蓉等（2013）发现基于避税动机的关联交易会提升企业价值。黄浩等（2021）发现关联交易显著提高了上市公司价值，考虑到外部环境对关联交易的影响，进一步研究发现，市场化水平较低的区域，关联交易降低了交易风险和成本，更能促进企业价值的提升。李焰等（2010）发现在职消费是一把"双刃剑"，有效使用好这一机制可以提升企业价值，可以对管理层带来一定的激励作用。但如果对在职消费这一机制未能有效地设计则会损害企业价值，如梁彤缨等（2012）发现不论在非国有企业还是国有企业，当终极控制人对上市公司的金字塔控制层级多于控制链条数时，在职消费与公司业绩呈负相关，反之在职消费与公司业绩显著呈正相关，黄宏和罗文华（2008）也发现国有企业的高管在职消费与企业绩效呈负相关。邓新明等（2014）则从政治关联视角进行了研究，发现民营企业在母国建立的政治关联对其国际化深度具有调节作用，进而影响企业价值。张奇峰等（2017）研究发现民营企业的政治联系有助于节约企业的交易成本与减少政府的利益侵占，从而提升了企业价值。张天舒等（2020）研究发现政治关联对企业价值具有显著的负向影响。刘行和李小荣（2012）从税收负担的角度研究了金字塔结构对企业价值的影响，发现金字塔结构可以显著降低地方国有企业的税收负担，而税收负担的降低，显著提升了地方国有企业的价值。鲍树琛（2018）研究发现非国有企业所得税税负的减轻有助于提升企业价值，而国有企业的所得税税负的减轻对企业价值的提升幅度较小。从上述文献可以看出，对企业的治理机制进行有效的设计，能够降低代理冲突，进而提升企业价值，有助于实现股东财富最大化的财务目标。

也有学者从信息质量的视角考察了企业价值的影响因素。张淑英和杨红艳（2014）发现企业会计信息的稳健性虽然没有影响企业权益资本成本，但却对企业价值产生了显著的影响。王仲兵和靳晓超（2013）与张淑慧和彭珏（2011）分别从碳信息披露和环境信息披露视角考察了信息披露与企业价值之间的关系，发现信息披露会影响企业价值。审计是提高信息质量、降低信息不对称的一种制度安排，审计质量的高低显然会对企业价值产生影响。雷光勇等（2009）考察了审计师选择在政治关联影响企业价值中的传导作用，还进一步考察了审计师选择在投资者认知影响企业价值中的调节作用，然而目前鲜有文献关注审计师选择对企业价值的直接影响以及审计师选择对企业价值产生影响的作用路径，这为本书提供了研究机会。

第三章 理论基础

第一节 委托代理理论与审计师选择

一、委托代理理论

委托代理理论是在契约理论的基础上发展起来的。委托代理理论认为，所有权和经营权的分离是现代企业的基本特征（Berle and Means，1932）。所有者和经营者各自承担不同的职责，所有者承担为企业提供资金的职责，同时承担企业的经营风险，经营者接受所有者的委托，充分运用自身和雇佣的人力资本经营企业，完成企业的日常经营任务，最终向所有者报告自身的经营责任履行情况。所有者和经营者之间的委托代理关系因而产生。Ross（1973）提出了委托代理的定义，认为委托代理是指"代理人基于委托人利益出发行使决策权"。而 Jensen 和 Meckling（1976）则直接将委托代理关系定义为一种契约关系，即委托代理是指"委托人授权给代理人，代委托人行使某些特定决策的契约关系"。

从所有者和经营者之间的委托代理关系来看，企业 f 的价值 V 主要取决于经营者的经营能力 m、努力程度 e 和其他不可观测的因素 ε，即 $V = f(e, \varepsilon | m)$。因此，为了防止逆向选择问题的发生，所有者需要仔细选择优秀的经营者，即选择较大的 m，而为了防止道德风险问题的出现，所有者要考虑如何让经营者能够尽最大努力地工作，即尽可能扩大 e。从式 $V = f(e, \varepsilon | m)$ 来看，f 是 e 的增函数，但是呈现边际递减的趋势，即 $f'(e, \varepsilon) = 0$，$f''(e, \varepsilon) < 0$。对于经营者来说，其努力程度会给自己带来负的效用 $u(e)$，而且完全由自己承担。因此，

所有者和经营者之间的目标并不总是一致的（陈钊，2005），主要表现在以下几点：

（1）经营者具有费用偏好。企业价值最大化要求经营过程中做到费用最小化，而经营者更加关注豪华的办公设施、高档的轿车、利用企业资金进行私人消费，这与所有者企业价值最大化的目标直接冲突。

（2）经营者偏好闲暇。由于各方面条件的限制，经营者能够用于工作努力的时间是有限度的，而且从人的本性来看，即使额外的努力能够为所有者带来更大的价值，经营者也会像普通人一样偏好闲暇。

（3）经营者与所有者的抗风险能力不同。相对所有者而言，经营者的抗风险能力要低很多，因为经营者的职业生涯往往就维系在他所经营的单个企业的业绩表现上，如果企业破产，那么经营者就会背负上不良的经营记录。因此，面对风险较高但预期收益率也高的投资项目时，经营者宁愿选择收益率较低但比较安全的投资项目。这可能与所有者的选择并不一致，因为所有者可以通过分散化投资降低自身的风险，从而违背了企业价值最大化的目标。

（4）所有者与经营者的时间偏好不同。经营者更加注重其任期之内的企业绩效，而所有者的目光可能更长远。因此经营者可能会在经营中采取比较短视的行为，从而损害企业价值。

所有者与经营者之间的"委托代理问题"已成为主流契约与企业理论的研究焦点（杨其静，2005），特别是在以英美资本市场上股权高度分散为特征的公司治理模式中，所有权和经营权之间的委托代理关系是理论界和实务界关注的主要问题。然而，Faccio 和 Lang（2002）对西欧国家公司的统计分析表明，除了英国和爱尔兰国家的企业股权比较分散外，欧洲大陆其他国家的公司股权呈现比较集中的现象。Claessens、Djankow 和 Lang（2002）对东亚国家和地区上市公司的统计分析也发现了类似的现象，即除了日本上市公司的所有权相对集中以外，其余东亚国家和地区中 2/3 的公司都拥有单一控制权股东。而中国绝大部分上市公司股权呈现高度集中和国有股"一股独大"的现象是人尽皆知的事实（冯根福，2001；冯根福、韩冰、闫冰，2002）。在存在控股股东的情形下，中小股东和大股东之间也存在委托代理关系。在股权结构高度集中且控股股东控制权和现金流权严重偏离的情形下（La Porta，1999），处于控制权地位的大股东与中小股东往往存在严重的利益冲突（左晶晶等，2013），大股东会通过经营者侵害中小股东利益，从而出现"壕沟"效应。大股东和中小股东的利益冲突主要表现在以下四点：

（1）监督成本的负担存在冲突。在对经营者的监督过程中，需要耗费大量的监督成本，作为控股股东的大股东，有动机和能力实施对经营者的监督，也自然承担了对经营者进行监督的成本；而中小股东远离企业经营过程，也缺乏监督的能力，在投资中往往采取"搭便车"行为，因此大股东和中小股东在监督成本的负担上存在冲突。

（2）控股股东和中小股东的时间偏好存在差异。控股股东出于企业集团的战略规划，更加看重企业长远的发展，更希望经营者能够投资利于企业长期发展的经营项目，而中小股东更倾向于短期获利，更加看重短期的企业业绩表现，更希望经营者投资那些容易短期提升业绩的项目，控股股东和中小股东的时间偏好差异会导致两者存在利益冲突。

（3）控股股东和中小股东的抗风险能力也存在差异。相对于中小股东而言，控股股东往往存在较强的抗风险能力，更希望经营者投资那些高风险高收益的投资项目，而中小股东则更希望经营者投资那些虽然收益率较低但比较安全的项目。

（4）控股股东与被投资企业利益并非完全一致。在股权相对比较分散，控股股东持股比例也比较低的情形下，如果控股股东的控股权和现金流权还存在较大的偏离，这时候控股股东的利益和被投资企业利益并非完全一致，自身的付出和获取的企业价值增值收益并不完全配比，在这种情形下，控股股东就可能利用自身的控股地位，通过"壕沟"效应，侵害中小股东的利益，从而导致控股股东和中小股东的利益冲突。

委托人和代理人之间的目标不一致性导致委托人以自身利益最大化为目标，希望尽可能加大收入，减少成本和费用，其中也包括管理者激励相关的各项费用。代理人同样也按照自己的效用函数行动，尽可能减少付出，加大回报。代理人不可能总是按照委托人的效用函数行动，由此带来利益冲突。利益冲突的存在导致了代理成本的产生，代理成本定义为以下三项要素的总和：第一，委托人的监管成本。委托人监督和激励代理人的成本。第二，代理人的保险费用。代理人保证不损害委托人利益的保险费用以及损害发生时的赔偿费用。第三，剩余损失。为代理人按照自身利益最大化决策对公司产生的经济后果与按照股东利益最大化决策经济后果的差。如何有效地设计一套契约，在委托人耗费成本最小的情况下，使代理人尽可能地按照委托人利益最大化的原则进行努力工作，是代理理论的核心内容。

二、委托代理理论与审计师选择

在存在委托代理冲突的情形下，代理人就有可能做出损害委托人利益的决策，其中，经营者常用的侵害所有者利益从而偏离企业价值最大化的方式有以下五点：

（1）为了扩大企业规模而不计成本的融资。无论是为了提高自身能够消费的空间，还是为了提升企业短期的绩效，或者是为了拓展自己的权力边界，经营者都天然地具有扩大企业规模的冲动。而扩大企业规模就会需要大量的资金支出，不论是通过首发上市、增发和配股等直接融资方式，还是通过银行、保险和信托等金融机构进行的间接融资，随着企业规模的不断扩大，企业需要支付的融资成本会越来越高，而这种不计成本的规模扩张，无助于企业价值的提升。

（2）在企业规模扩张过程中经营者在职消费水平的不断提高。随着企业规模的扩张，经营者在职消费的合理化理由也会越来越充分，豪华的办公条件、奢侈品的消费、超标准的私人消费等，越来越多地以管理费用的形式侵蚀企业价值，而且费用的支出具有较强的黏性，随着规模的扩张直线上升，而当规模不再扩张转而下降时，费用却很难同比例降低。

（3）经营者凌驾于内部控制之上。内部控制是为了合理保证企业经营管理合法合规、资产安全、财务报告及相关信息真实完整，提高经营效率和效果、促进企业实现发展战略，由企业董事会、监事会、经理层和全体员工实施的过程。内部控制运行有效性的重要保障条件之一就是管理层也必须受到内部控制的制约和约束，然而管理层为了实现个人私利，可能会凌驾于内部控制之上，脱离内部控制的约束，从而更加方便地增加自身的闲暇、扩大在职消费、从自身利益出发进行融资、投资决策等，从而损害了企业价值。更为严重的是，管理层凌驾于内部控制之上还会对其他员工产生示范效应，从而导致内部控制运行的有效性得到严重破坏。

（4）非效率投资。一方面，由于经营者与普通人一样具有倾向于闲暇的自然偏好，以及对风险强烈的厌恶，当企业面临着高风险、高收益的投资机会时，尽管所有者更加倾向于投资，但是经营者可能会以各种各样的借口阻止该投资项目，从而导致投资不足的发生；另一方面，经营者又具有无限制扩大企业规模、扩展自身权力边界和在职消费空间的冲动，当企业存在自由现金流时，经营者可能不会将自由现金流返还给投资者，而是将资金投放于那些低收益、低风险的项目，这些项目可能达不到所有者最低期望回报率的要求，从而损害了企业价值。

（5）财务报告的粉饰性披露。经营者上述实现个人私利而损害所有者利益，从而降低企业价值的行为，需要通过对财务报告的粉饰性披露予以掩盖，如记录虚假的经济交易或更改合法交易的确认时间、滥用或随意变更会计政策、隐瞒可能影响财务报表金额的事实、构造复杂的交易以歪曲财务状况或经营成果、篡改与重大或异常交易相关的会计记录和交易条款等，经营者对财务报告的粉饰行为会降低财务报告的可靠性，最终降低企业的会计信息质量，一方面会提高外部利益相关者的信息风险，如投资者，从而导致投资者提高其期望报酬率，最终会导致企业融资成本的上升；另一方面会降低企业内部根据信息作出决策的精度，干扰企业在融资、投资和经营方面的决策效率，提高了企业的经营风险，从而降低了企业价值的提升。

为了降低所有者和经营者之间的上述委托代理冲突，企业需要在公司治理中设计相应的机制予以应对，其中外部审计中的审计师选择便是一种有效的机制。外部审计的主要作用在于发现财务报告中的错误和舞弊，提高财务报告的可靠性。通过外部审计对财务舞弊的关注，可以起到对经营者进行监督的效果，降低经营者的在职消费程度，通过对财务报告信息的调整，可以真实反映经营者的受托责任，便于所有者对经营者的融资、投资决策的效率和效果进行真实的判断，从而进一步起到对经营者监督的作用。然而，外部审计师发挥上述作用的关键在于审计质量的高低，不同特征审计师提供审计服务的质量是不同的，因此企业可以通过选择能够提供高质量审计服务的审计师对经营者起到更强的监督作用。

同样，在控股股东和中小股东存在代理冲突的情形下，控股股东可能会通过以下方式侵害中小股东的利益：

（1）关联交易。关联交易是控股股东侵害中小股东利益的主要方式，通过关联交易，控股股东可以把自身成本费用转嫁给被控股企业，或者是把控股企业的利润转移到关联企业中去，从而损害控股企业的价值，损害了中小股东的利益。

（2）企业合并。控股股东通过企业合并的方式，以高于市场价值的定价，将经营不善的亏损项目兼并到控股公司中，从而降低了控股企业的价值，损害了中小股东利益。

（3）控制经营者实现自身意图。控股股东通过对经营者的选聘来控制经营者的经营管理决策，从而通过融资决策、投资决策和分配决策实现控制权私利，特别是控股股东与中小股东利益不一致时，经营者代表的是控股股东的利益，企业经营决策的目标是最大化控股股东的利益而并非是最大化全体股东的利益（欧阳凌等，2005），从而损害了中小股东的利益。

（4）财务报告的粉饰。控股股东侵害中小股东利益也需要财务报告的粉饰性披露予以掩盖，而通过对经营者的控制或者自身直接参与企业的经营，或者凌驾于内部控制之上，便可以轻松地实现财务报告粉饰的目的。

外部审计及审计师选择同样可以起到对控股股东的监督作用。关联方关系及关联方交易是外部审计的重要审计内容之一，通过对关联方关系的充分披露，可以有效堵塞控股股东通过关联方交易侵害中小股东利益的通道，通过对关联方交易的审计及公允披露，可以纠正关联方交易中的不公允部分，从而提高关联方交易的公允程度，降低控股股东利用关联方交易侵害中小股东利益的程度。此外，外部审计中对企业合并、财务舞弊的审计，可以防止控股股东通过企业合并、舞弊的方式侵害中小股东利益。同样，外部审计师在发挥上述作用的能力方面存在差异，通过选择能够提供高质量审计服务的外部审计师，可以更加有效地抑制上述情况的发生，从而产生积极的经济后果，即提升企业价值。

第二节　信息不对称理论与审计师选择

一、信息不对称理论

完全信息是新古典经济学的一个重要假设，即市场的所有参与者对商品的信息都能充分掌握，而且市场参与者掌握信息的程度都是一样的。新古典价格理论认为，当市场力量通过供求关系实现市场出清时，追逐私利的个人作用是微不足道的，个人只不过是价格的被动接受者。在此假设条件下，尽管委托代理双方存在利益冲突，但是在完全信息条件下，价格机制会淘汰追逐个人私利的代理人，从而使委托代理双方的利益达到一致化。

然而在现实世界中，信息使用者搜集、整理以及分析信息都不是免费的，都需要付出成本，有时候甚至是高昂的信息获取成本，而且在信息传播的过程中，信息还可能受到干扰，从而带来信息使用成本。这时，委托代理双方对信息掌握的充分程度可能会存在差别，因而就出现了委托代理双方的信息不对称。Akerlof（1970）在其开创性的论文《柠檬市场：质量、不确定性与市场机制》中分析了旧车市场中买卖双方的信息不对称是如何导致市场失灵的。在旧车市场中，只有卖方知道关于旧车的信息，买方对旧车的内在信息全然不知，仅能观察到旧车的外表。在这样的条件下，买方只愿支付平均价格购买旧车，这将导致出售高质量旧车的卖方，由于无法按照应有的价格出售而退出市场，市场中仅存出售低质量旧车的卖方。按照这样的方式无限循环，最终甚至可能导致旧车市场的消失。自 Akerlof（1970）的开创性研究之后，大量的经济学家对信息不对称问题进行了研究，并根据信息不对称产生的原因分别研究了"逆向选择"问题和"道德风险"问题，并探讨了应对这些问题的可能措施。

（1）"逆向选择"问题及其应对措施。逆向选择指在合同签订之前，进行市场交易的一方已拥有了另一方所不具有的某些信息，而这些信息有可能影响后者的利益，于是占据信息优势的一方就很可能利用这种信息优势做出对自己有利而对另一方不利的事情，市场效率和经济效率会因此而降低。就经营者的工作能力和生产率来说，经营者本人比所有者更清楚，经营者占据信息优势，而所有者占据信息劣势；就控股股东的持股意图来看，控股股东比中小股东更清楚，控股股东占据信息优势，而中小股东占据信息劣势。从委托代理关系来看，"逆向选择"问题主要产生于委托代理关系产生时，委托方和代理方签约前，代理方对于自身的知识、技能等管理能力和道德水平只有自己最清楚，委托方只能通过一些外在的不完全信息，比如职业经历、学历等对其管理能力和道德水平进行判断，委托方根据上述信息得出的结论可能与真实的情况相去甚远，而受托方可能会隐瞒自己的私有信息，从而导致委托方做出错误的决策，这就是"逆向选择"问题产生的原因。从所有者和经营者之间的委托代理关系来看，所有者在选择职业经理人时很可能会出现"逆向选择"问题，因为所有者不清楚经营者真实的管理水平和道德水平，而职业经理人很有可能隐藏这方面的私有信息，或者过分强化过去职业经历中自身的管理能力与较好的经营业绩之间的关系，而淡化由于管理失败造成绩效低下之间的关联，从而使得所有者做出错误的判断；从控股股东与中小股东之间的委托代理关系来看，当中小股东投资某家企业时，会对控股股东的控股意图、道德水平进行判断，而此时控股股东也会做出隐藏私有信息的决策，导致中小股东决策失误，从而出现

"逆向选择"问题。

对于如何解决"逆向选择"问题，经济学家给出了很多的策略。主要包括以下两种方式：

1）声誉机制。当交易并非是一次性，而是重复发生的时候，声誉机制是"逆向选择"问题的最好解决办法。从委托代理关系来看，受托方需要存在专业的受托方市场，通过长期的交易建立一种声誉机制，固化自身具有高水准的管理能力和道德水平的声誉，从而得到大量委托方的信任，提高自身的要价，防止"劣币驱逐良币"现象的发生，而委托方通过试探性的寻找受托方的交易也是值得的，因为很可能从此会一劳永逸地找到值得托付的受托方。从所有者与经营者之间的委托代理关系来看，职业经理人市场的建立即是一种有效的声誉机制。从控股股东与中小股东之间的委托代理关系来看，专业机构投资者的出现也是一种良好的声誉机制。

2）信息甄别机制。由委托代理双方中的受托方主动向委托方发送其私有信息从而降低信息不对称程度以解决"逆向选择"问题的方式为信号传递机制，而如果由委托方采用特定的方式，即由不掌握私人信息的一方主动设计特定的机制来降低委托代理双方的信息不对称程度，从而促成市场交易发生的话，即为信息甄别机制。

从所有者与经营者之间的委托代理关系来看，在契约签订前，委托方往往要对受托方的履历进行详尽的调查，这就是典型的信息甄别机制；从控股股东与中小股东之间的委托代理关系来看，目前一些个人投资者对被投资单位的直接拜访，与企业高管之间的交流也是一种有效的信息甄别机制。通过独立第三方的审计师进行审计也可以起到信息甄别的作用。

（2）"道德风险"问题及其应对措施。当委托代理关系成立之后，代理人是否真正基于委托人的利益出发进行决策是难以被观察的，即代理人的行动具有不可观察性，因此代理人有可能做出隐藏行动的决策，从而导致"道德风险"问题的出现。

从所有者与经营者之间的委托代理关系来看，在企业经营过程中，经营者是否将全部的工作时间都用来完成企业的工作任务，经营者的在职消费是否全部是企业经营所必须的，经营者在融资决策、投资决策以及股利分配决策中是否完全以企业价值最大化的财务目标为标准进行决策的，而所有者远离企业经营的过程，难以观察到经营者行动背后的真相，从而产生事后的信息不对称问题，经营者完全可以利用这种信息不对称，做出违背所有者利益的决策，从而出现"道德风险"问题。从控股股东与中小股东之间的委托代理关系来看，控股股东在企业经营过程中是否通过关联方之间的不公允交易进行利益侵占，是否通过企业合并、控制管理层的方式实现控制权私利，由于中小股东远离企业的经营过程，对上述行为也是难以观察的，因此也容易出现"道德风险"问题。

对于如何解决"道德风险"问题，经济学家也给出了很多的措施：

1）激励。委托人可以通过设计一定的激励机制，使得代理人的行动能够与委托人的利益一致化，如代理人的报酬与经营绩效挂钩的方式。具体来说，可以给代理人一定的利润分成、股票期权等。

2）监督。监督即是通过对代理人违背委托人利益的行为进行惩罚的措施。从企业经营来看，通常采用的监督措施包括独立董事制度、内部审计制度、监事会制度、外部审计制度，还有目前理论界和实务界比较关注的党委治理。

3）市场机制。市场对委托人的激励和监督方式主要有职业经理人市场的声誉机制和并购机制。在职业经理人市场，市场会通过不断获取企业的经营信息对经营者的管理能力进行判断，那些拥有良好职业声誉的经理人可以获得更优秀企业的雇佣并获取更丰厚的报酬，而不良经营记录则会给经营者的职业生涯带来非常不利的影响。在并购市场上，如果经营者的行为总是偏离企业最大化的要求，那么企业股价会下跌，潜在的并购者就会趁机进行并购，经营者很有可能就被替换。因此，职业经理人市场的声誉机制和并购市场的潜在威胁也会促使经营者按照企业价值最大化的目标采取行动，从而在一定程度上避免"道德风险"问题的发生。

二、信息不对称与审计师选择

由于信息不对称问题的存在，经营者和所有者之间、控股股东和中小股东之间的委托代理冲突很可能会导致代理人采取隐藏信息或者是隐藏行动的决策，从而导致"逆向选择"和"道德风险"问题的发生。"逆向选择"问题的存在导致不合格的经营者或者是具有不良控股意图的控股股东充斥于资本市场，道德风险问题则导致经营者在经营过程中做出偏离所有者目标的决策，如扩大在职消费、豪华的办公条件、融资、投资决策的无效率、自由现金流的浪费等，控股股东则总是通过关联方之间的不公允交易、不公允的并购等方式侵害中小股东利益，最终会损害企业价值。

在企业经营过程中，审计师选择可以作为一种有效的监督机制，能够有效降低委托代理双方的信息不对称程度，缓解委托代理双方的代理冲突，避免"逆向选择"和"道德风险"问题的发生，从而提升企业价值。具体来说，作为一种监督机制，高质量的审计能够对经营者的舞弊行为（包括过度的在职消费、利益侵占行为）、凌驾于内部控制之上的行为、对法律法规的遵守行为进行仔细的检查，从而使所有者对经营者的经营过程有详细的了解，降低了委托代理双方的信息不对称程度。同时，通过审计后高质量的财务报告，所有者能够对经营者融资、投资决策的效率和效果进行准确的评价，也降低了委托代理双方的信息不对称程度，审计的上述作用即发挥了一定的监督功能。从控股股东与中小股东之间的关系来看，高质量的审计对关联关系和关联方交易以及特殊事项（如企业合并）的重点关注，降低了委托代理双方的信息不对称程度，同样也发挥了监督功能。

然而不同特征的审计师提供审计服务的审计质量是不同的，审计质量越高，发挥的监督功能越强，因此通过选择能够提供高质量服务的审计师，可以对经营者和控股股东发挥更强的监督功能，从而避免"逆向选择"和"道德风险"问题的发生，进而提升企业价值。

第三节　信号传递理论与审计师选择

一、信号传递理论

由于"逆向选择"问题的存在，优秀的职业经理人或者是具有良好控股意图的控股股东也可能被市场淘汰，对于这部分人而言，努力降低委托代理双方信息不对称程度的方法就是利用信号传递机制，将自身的私有信息有效地传递给委托方，从而消除"逆向选择"问题的出现。

信号传递理论最早由美国经济学家迈克尔·斯彭斯提出，其在《劳动力市场信号传递》一文中对劳动力市场的信号传递机制进行了研究，在竞争激烈的劳动力市场中，拥有高于平均市场水平技能的劳动者可以向市场发送其高技能的信号，信号的传递也需要付出一定的有时可能是高昂的成本，不过这种机制能够有效解决劳动力市场中的"逆向选择"问题。信号传递机制即是由市场中掌握较多信息的一方向掌握信息较少的另一方提供其拥有的私有信息，从而促成市场交易的行为。

信号传递机制是降低信息不对称、缓解代理冲突，从而解决"逆向选择"问题的有效机制。在股权分散化的资本市场中，管理者和资本市场参与者之间存在严重的信息不对称问题，管理者掌握企业更多关于未来投资机会和投资风险等发展前景的私有信息，而外部投资者并不掌握这些信息，只能通过管理者向外界发布的信息对企业未来的发展前景做出间接的判断，这种判断的结果可能会低估企业的价值，从而在资本市场上出现"逆向选择"问题。因此，当管理者意识到企业价值被市场低估时，就应当采取一定的信号传递机制向市场发送有关企业价值的真实信息，以提升企业的价值。股利的发放就是一种有效的信号传递机制，在企业股价被低估时，适时的发放股利会提高股价，股价一般随着股利的增加或者初次发放而提高。高管持股也是一种有效的信号传递机制，高管持股可以明确地向市场传递高管看好企业未来发展前景的信号，从而增强投资者的信心。此外，债务融资、审计师选择、管理层薪酬契约也可以作为向市场传递信号的有效机制。

从所有者和经营者之间的委托代理关系来看，在契约关系签订初期，经营者可以通过签订惩罚性薪酬契约的方式向所有者传递自身具有较高管理能力的信号，而在经营过程中，经营者更需要通过自愿性内部控制鉴证、审计师选择等机制向所有者发送其完成受托责任的信号；从控股股东和中小股东之间的代理关系来看，企业上市时对发起人的认购比例的限制、发起人持股期限的限制、上市时保荐人的选择、审计师选择均有效地向市场传递了控股股东的私有信息，降低了"逆向选择"问题对发行上市的不利影响，在企业经营过程中，股利发放、审计师选择等机制也可以作为控股股东向市场传递私有信息的有效机制，从而降低"逆向选择"问题的发生。

二、审计师选择的信号传递作用

具有较高管理能力的经营者在经营绩效良好的情形下，或者是具有良好持股意图的控股股东，有较高的动机向外界传递其有利于企业发展的私有信息，通过选择能够提供高质量审计服务的审计师，可以有效向外界传递这种信号。市场参与者通过企业的审计师选择决策，接收到企业的信号传递意图，从而降低自身对企业的期望报酬率，或者是对企业未来创造自由现金流的前景充满信心，从而有助于企业价值的提升。不同特征审计师的选择可以向市场传递企业的私有信息，从而成为一种有效的信号传递机制。

审计师规模可以向市场传递两方面的信号，一方面，规模是高质量审计的象征。大规模审计师由于其人力资本的投资和对高素质审计人才的吸引，具有较高的专业胜任能力，同时由于其较多的客户数量，具有较强的独立性，从而能够提供高质量的审计服务，提升了财务报告的可靠性，即向市场传递了企业财务报告中的高质量会计信息的信号。另一方面，规模是较强的保险能力的信号。大规模审计师拥有更多的资产，具有较强的赔偿能力，投资者在遭受投资损失的情形下可以通过起诉审计师获得一定的赔偿，因而选择大规模审计师可以向市场传递较强的赔偿能力的信号。

选择行业专长审计师可以向市场传递其高质量会计信息的信号。行业专长审计师拥有对特定行业业务流程、会计处理惯例等方面的丰富经验，对特定行业的审计进行了专门的投资，因而能够提供高质量的审计服务。企业通过选择具有行业专长的审计师进行审计，可以向市场传递高质量财务报告信息的信号。

选择特殊普通合伙制审计师也能够传递向市场传递高质量会计信息的信号。特殊普通合伙制审计师的合伙人相对有限责任制审计师的合伙人来说具有更强的法律责任和风险，因而会通过提供高质量的审计服务以规避或者降低法律风险，从而提高了财务报告的可靠性，故通过选择特殊普通合伙制审计师可以向市场传递高质量会计信息的信号。

而审计任期的决策可能会向市场传递截然相反的两种信号。一方面，投资者可能会认识到，随着审计任期的延长，审计师对被审计单位的业务流程、会计处理、内部控制、业务风险等越来越熟悉，有助于审计质量的提升，从而客户对较长的审计任期决策可以向市场传递高质量会计信息的信号；另一方面，投资者还可能认为，随着审计任期的延长，审计师与被审计单位之间会形成密切联系，从而损害了审计师的独立性，降低了审计质量，从而向市场传递了低质量会计信息的信号。这两种反方向的作用导致审计师任期的信号传递作用难以判断。

第四节　审计功能理论

审计在资本市场中发挥着信息、保险（Dye，1993）和信号传递（Bachar，1989）等功能，促进了资本市场资源的优化配置。审计的作用在于发现和报告公司财务报告中可能存在的故意或非故意的错报，并对财务报告出具鉴证报告（Watts and Zimmerman，1981），这提升了财务报告的可靠性（Jenson and Meckling，1976），从而降低了信息使用人的信息风险（刘明辉，2006），起到保护投资者利益的作用（陈小林，2013）。审计的这种功能即为信息功能。审计信息功能主要解决的是委托代理双方的信息不对称问题。在所有权和经营权分离的现代企业中，所有者只是履行出资者的责任，而经营者根据受托责任对企业经营管理，然而所有者和经营者之间目标并非完全一致，经营者可能会作出对自身有利而违背委托方利益的决策，而且通过粉饰财务报告的方式掩盖上述决策产生的后果，对所有者判断经营者的受托责任履行情况、评价企业价值产生了误导。另外，在企业存在控股股东的情况下，广大的中小股东和控股股东之间也形成了委托代理关系，当控股股东的所有权和现金流权出现分离的情形下，可能会通过构建"壕沟"效应侵害中小股东的利益，也必然对企业价值造成损害，同样，控股股东也会通过经营者发布经过粉饰的财务报告，以误导中小股东的投资决策。作为独立第三方的审计师，通过信息功能的发挥，能够在很大程度上对粉饰的财务报告进行调整，降低了信息使用者的信息风险，有助于所有者和投资者对企业价值做出准确的判断，从而保护了委托方的利益。

保险理论认为审计是降低风险的活动，即审计是一个把财务报表使用者的信息风险降低到社会可接受的风险水平之下的过程，甚至认为审计是分担风险的一项服务，审计的本质在于分担风险（刘明辉，2006）。随着"深口袋"理论的发展，投资者越来越多地期望在发生审计失败的情况下能够从审计师处获得赔偿的机会（Dye，1993），审计师的审计收费中也必然包含着"保险费率"（伍利娜等，2010）。即投资者认为，通过在审计费用中支付一部分保险费用，可以将未来的投资损失转嫁到审计师身上，审计的作用被看作是一种保险行为，可以大大减轻投资者的压力，这就是审计的保险功能。审计的信息功能是毋庸置疑的，但审计是否真的发挥了保险功能则成为理论界的研究难点，其中困难之处在于如何将审计的保险功能与信息功能区别开来。Mansi 等（2004）利用债券评级未考虑审计师保险功能的假设，采用两步估计的方式，成功将审计的保险功能和信息功能分离开来，发现审计的信息功能和保险功能均发挥了作用，降低了企业的债务资本成本。

随着我国审计市场的发展和审计市场竞争的加剧，规模化和专业化成为不同审计师开拓市场的竞争手段，不同规模和行业专长的审计师构成了多元化的审计市场格局。既有的研究表明，事务所规模、审计行业专长成为影响审计服务质量的重要因素，甚至有研究（Chen et al.，2011；曹书军等，2012）直接将事务所规模和审计行业专长作为审计质量的代理变量。因而审计师的外部特征（规模、行业专长）可以向外界传递其功能差异的信号。具体来说，信息使用者可以根据被审计单位选择审计师的特征对其提供的审计服务质量进而对被审计单位的信息质量作出判断，从而提前作出准确决策，这就是审计师选择信息功能差异的信号传递。如果审计师是同质的，只有当投资者真正遭受投资损失的时候，审计的保险功能才能够发挥作用，审计师之间的保险能力差异才能够体现出来，然而审计师的保险能力与其规模（资产）是正相关的，因而审计师的外部特征（主要是规模）可以向信息使用者传递其保险能力差异的信号，这就是审计师选择保险能力差异的信号传递。企业通过这种信号传递机制可以向外界传递关于其私有信息的重要信号，而且这种信号传递机制是无法被质量低下的企业所模仿的（Titman and Trueman，1985）。大量的研究（Balvers et al.，1988；Datar et al.，1991；Willenborg，1999；Lee et al.，2003）利用股票首发市场对审计的信号传递功能进行了检验，发现审计的信号传递功能有助于提升资本市场的效率。

审计在提供财务报表审计、发挥信息功能的过程中，还发挥了一定的监督功能（周中胜和陈汉文，2006；李青原，2009；金鑫和雷光勇，2011）。在财务报表审计过程中，审计师需要对关联方关系和关联方交易的公允性、企业投资决策中的授权、执行等控制流程以及投资中的舞弊行为、企业纳税过程中的合法性、企业融资决策等进行仔细的审查，以降低由于舞弊、管理层凌驾于内部控制之上带来的重大风险，从而对经营者和控股股东起到一定的事后监督功能，进而提高企业财务决策的效率和效果，最终会对企业价值的提升起到积极的作用。

综上所述，审计在资本市场中发挥了信息、保险、信号传递和监督等功能，而不同特征审计师的上述功能存在较大差异，因此通过选择不同特征的审计师，可以发挥不同的信息、保险、信号传递和监督功能，从而给企业带来不同的经济后果。

第四章　审计师选择与内部控制质量

内部控制在提高信息质量（Doyle et al.，2007；Altamuro and Beatty，2010；方红星和金玉娜，2011；范经华等，2013；康萍和刘金金，2017）、改进投资效率（Cheng et al.，2013；方红星和金玉娜，2013；那明和冯坤雯，2020）、降低资本成本（Ogneva et al.，2007；Ashbaugh et al.，2009；方红星和施继坤，2011；罗孟旋，2018）等方面均发挥着重要作用。对投资效率的改进和资本成本的降低最终会提升企业价值。现代风险导向审计中对内部控制的评价及控制测试以及管理建议书的出具均有助于被审计单位提高内部控制质量，而被审计单位内部代理冲突和信息不对称的存在也催生了借助高质量审计服务提升内部控制质量的客观需求，因此通过影响被审计单位的内部控制质量进而影响权益资本成本和投资效率是审计师选择影响企业价值的重要作用路径。本章即是考察审计师选择如何对内部控制质量产生影响。

第一节　理论分析与研究假设

随着审计理论与实践的发展，审计模式在不断演进，并经历了账表导向审计、制度导向审计和风险导向审计三种基本模式（蔡春等，2009）。在账表导向审计模式阶段，被审计单位的规模比较小，业务流程比较简单，业务量也比较低，审计师通过对被审计单位所有业务进行仔细检查的方式进行审计，所花费的成本能够为审计收费所弥补，因此审计师无须考虑审计资源的有效分配问题，并不关心被审计单位的内部控制是否存在缺陷，同时被审计单位的上述特征也导致内部控制在企业经营管理中的重要性还远未得到重视，因而不存在通过审计服务改进内部控制质量的需求。在账表导向审计阶段，审计师选择并不能对被审计单位的内部控制产生影响。随着经营范围的扩大，企业的规模得到大幅度扩张，业务量也成几何级数式增长，业务流程也越来越复杂，单纯通过账表导向式审计所花费的成本越来越无法通过审计收费得到弥补，同时企业规模的扩大和业务流程的复杂使得企业内部的代理冲突和信息不对称程度越来越严重，内部控制在企业经营管理中发挥着越来越重要的作用，企业逐渐重视内部控制建设。在此背景下，制度导向审计应运而生。在制度导向审计模式下，审计师通过对被审计单位内部控制的评价，了解其内部控制的薄弱环节及其相关的财务报表认定，将重要的审计资源分配到这些项目中去，在降低审计成本的同时控制了审计风险。当审计师在审计过程中发现了被审计单位内部控制存在重大缺陷时，就需要通过管理建议书的方式与被审计单位进行沟通，提醒被审计单位对内部控制存在的重大缺陷进行修正。近年来，审计模式由制度导向审计发展到了风险导向审计阶段。在风险导向审计模式下，审计师通过了解被审计单位的环境和内部控制进行风险评估，将重要的审计资源分配至经营风险高而控制又比较薄弱的报表项目上，达到既能降低审计成本又能控制审计风险的目的。同时，外部审计师通常与审计委员会就被审计单位存在的内部控制缺陷进行沟通，良好的审计委员会会采纳这些建议并积极地改进内部控制质量（Krishnan，2005）。

另外，随着审计市场竞争的加剧，如何在激烈的市场竞争中赢得客户成为审计师不得不面对的一个重要课题。审计师可以采取的一个重要策略就是在不增加额外成本的前提下提升传统审计服务的增值功能。具体来说，在财务报表审计过程中，审计师需要对被审计单位的内部控制进行评价，大部分情况下还需要进行控制测试，审计师对被审计单位内部控制设计和运行的有效性能够作出深入的了解，因此如果审计师在提供给客户的管理建议书中对其内部控制的缺陷提供详尽的改进建议，对客户改进企业管理具有重要的价值，那么必然会有助于其在激烈的市场竞争中保持住该客户。因此，提升传统审计服务的增值功能对于提高审计师的市场竞争力具有重要作用。

在对被审计单位内部控制进行评估时，不同特征的审计师由于专业胜任能力的不同，会对被审计单位的内部控制质量提升产生不同的影响。相对于小规模事务所而言，大规模事务所拥有更加雄厚的资源，在人力资源培训、审计业务流程的开发等方面投入了更多的资金（Francis and Yu，2009；乔贵涛和赵耀，2014；乔贵涛等，2014），因而大规模事务所在发现被审计单位内部控制存在缺陷并提请被审计单位予以修正方面具有更强的专业胜任能力，从而会更加有效地提升被审计单位的内部控制质量。同时，为了进一步提升自身的市场竞争能力，大规模审计师会就财务报表审计中发现的内部控制缺陷与被审计单位进行详尽的沟通，以赢得客户的青睐，从而有利于保持客户，大规模审计师的这种竞争策略的实施也有助于被审计单位内部控制质量的提升。根据上述分析，本节提出如下研究假设：

H1：选择大规模审计师能够提升被审计单位的内部控制质量。

根据审计师的不同规模，可以将研究假设 H1 细分为如下假设：

H1a：相对于非国际四大审计师事务所，国际四大审计师事务所能够更加提升被审计单位的内部控制质量。

H1b：相对于非十大事务所，十大事务所能够更加提升被审计单位的内部控制质量。

H1c：相对于国内非十大审计师事务所，国内十大审计师事务所能够更加提升被审计单位的内部控制质量。

行业专长战略的实施，审计师主要精力集中于特定行业客户的开发、与该行业有关的业务的研发，从而对该行业特定的业务流程、行业风险、行业规则和会计处理惯例特别的熟悉，对该行业内企业内部控制设计和运行具有独到的经验，从而能够有效发现被审计单位内部控制中存在的重大缺陷；同时，行业专长事务所拥有大量具有行业特定知识的员工，具有行业专门知识的员工在解决与该行业有关的审计问题时变得非常熟练（Mayhew and Wilkins，2003），行业经验丰富的审计师能够更好地在其行业专长领域发现被审计单位存在的问题（Owhoso et al.，2002）。O'Keefe 等（1994）还发现行业专长审计师能够更加有效地遵守并执行审计准则。这使得行业专长事务所的员工能够更加有效地发现被审计单位内部控制存在的缺陷并提请被审计单位予以修正，从而能够提升被审计单位内部控制的质量。另外，行业专长审计师使得其审计服务产品差异化的一种策略就是提升财务报表审计中的增值服务，即将其在财务报表审计中发现的被审计单位内部控制缺陷与被审计单位进行有效的沟通，提出切实有效的改进内部控制质量的意见和建议，这对于行业专长审计师保持客户具有非常重要的价值，同时也有助于被审计单位改进内部控制质量，提升管理水平。根据上述分析，本节提出如下研究假设：

H2：相对于非行业专长审计师，行业专长审计师更加能够提升被审计单位的内部控制质量。

审计师组织形式由有限责任制转变为特殊普通合伙制的主要后果就是审计师法律责任和风险的改变（原红旗和李海建，2003；Firth et al.，2012；刘行健和王开田，2014）。在有限责任制组织形式下，审计师只需要就其全部出资额为限承担有限责任，这种组织形式尽管对审计行业具有一定的保护作用，但降低了审计师的法律责任和风险意识，执业中应有的职业谨慎很难得到保持；而转变为特殊普通合伙制之后，在执业过程中由于故意或者重大过失给事务所造成企业债务的合伙人，由其承担无限责任，这就强化了审计师的法律责任和风险意识。为了应对法律责任和风险的改变，审计师在提供财务报表审计过程中，必然会更加仔细了解被审计单位的环境、审慎评价被审计单位的内部控制，制订更加详细的审计计划和应对报表层面的重大错报风险的措施，进一步扩大审计程序的范围，实施更加全面的控制测试和实质性测试，从而有助于发现被审计单位内部控制存在的重大缺陷，审计师就审计中发现的内部控制缺陷与被审计单位进行充分沟通的话，必将有助于被审计单位内部控制质量的提高。然而上述理论分析并未考虑中国当前现实的法治环境，尽管事务所组织形式的变革从理论上提升了注册会计师的法律责任和风险，但会计师事务所真正出现审计失败的时候是否能够转化为现实的法律责任和风险？即使转化为现实的法律责任和风险，会计师事务所和注册会计师需要承担的法律责任到底有多大？从审计诉讼发生的概率来看，由于我国审计市场属于低法律诉讼风险的国家（刘启亮等，2013；姜涛和尚鼎，2020），尽管国内颁布了一系列针对事务所民事诉讼的法律法规，也出现几起事务所承担民事赔偿责任的判决，但是与大量的事务所被诉案件相比，承担民事赔偿责任仍然属于小概率事件，故审计失败发生的概率较低；从审计失败发生的后果来看，在事务所需要承担民事赔偿责任的判决中，赔偿金额相对于投资者的损失也非常小，相对于会计师事务所的收入也不大，能够起到的警示作用有限。因此，会计师事务所转制能否真正影响注册会计师的审计行为，促使其扩大对内部控制了解的广度和深度，扩大控制测试的范围，从而有助于改进被审计单位的内部控制质量是一个经验性命题。基于上述分析，本节提出如下备择假设：

H3：会计师事务所转制为特殊普通合伙制后能够提高被审计单位的内部控制质量。

审计师任期对内部控制质量也会从两个方面产生影响，一方面，随着审计任期的延长，审计师对客户的行业和经营特点、运作流程和会计规则会越来越熟悉，从而越能发现被审计单位内部控制中存在的重大缺陷，因而能够更加有效地提供改进内部控制质量的意见和建议。另一方面，随着审计师任期的进一步延长，审计师与客户之间的关系越来越密切，这可能导致审计师独立性逐渐丧失，独立性的丧失会使得审计师在对内部控制进行评价和控制测试时丧失了谨慎性原则，使得内部控制的评价和控制测试流于形式，从而无法进一步发现被审计单位内部控制存在的缺陷，也无法提出对内部控制的完善建议。从上述分析可以看出，在审计师任期开始增加的初期，审计任期的延长有助于被审计单位内部控制质量的提高，但审计任期达到一定程度后，随着审计师和客户之间关系达到一定密切程度，审计师的独立性水平急剧下降，发现被审计单位内部控制缺陷的能力急剧下降，审计师选择也就无法对内部控制质量产生影响。根据上述分析，本节提出如下研究假设：

H4：在其他条件相同的情形下，审计师任期与内部控制质量之间呈倒"U"型关系。

第二节 研究设计

一、样本选择和数据来源

本节选取 2007~2020 年 A 股上市公司作为研究样本，并按以下标准对这些样本进行了处理：剔除金融和保险行业的上市公司；剔除每年被 ST 的公司；剔除财务会计数据或指标缺失的公司。为了控制极端值的影响，我们对所有变量都在 1% 的水平上进行了 winsorize 处理。

迪博内部控制指数来自迪博公司的内部控制数据库，其他数据均来自国泰安数据库。

二、模型设定和变量定义

1. 模型设定

借鉴 Doyle 等（2007）、Ashbaugh 等（2007）和刘桂春等（2013）的研究，式（4-1）对假设 1 进行检验：

$$ICI = \beta_0 + \beta_1 Big + \beta_2 Size + \beta_3 Age + \beta_4 Loss + \beta_5 Z + \beta_6 Crosslist +$$
$$\beta_7 Growth + \beta_8 DSize + \beta_9 INDE + \beta_{10} DUAL + \beta_{11} INV + \beta_{12} OP +$$

$$\beta_{13}SOE + \sum \beta \times IND + \sum \beta \times Year + \varepsilon \qquad (4-1)$$

在式（4-1）的基础上，构建式（4-2）和式（4-3）分别对假设 H2 和假设 H3 进行检验：

$$ICI = \beta_0 + \beta_1SP + \beta_2Big4 + \beta_3Size + \beta_4Age + \beta_5Loss + \beta_6Z +$$
$$\beta_7Grosslist + \beta_8Growth + \beta_9DSize + \beta_{10}INDE + \beta_{11}DUAL +$$
$$\beta_{12}INV + \beta_{13}OP + \beta_{14}SOE + \sum \beta \times IND + \sum \beta \times Year + \varepsilon$$
$$(4-2)$$

$$ICI = \beta_0 + \beta_1OF + \beta_2Size + \beta_3Age + \beta_4Loss + \beta_5Z + \beta_6Grosslist +$$
$$\beta_7Growth + \beta_8DSize + \beta_9INDE + \beta_{10}DUAL + \beta_{11}INV + \beta_{12}OP +$$
$$\beta_{13}SOE + \sum \beta \times IND + \sum \beta \times Year + \varepsilon$$
$$(4-3)$$

进一步地，为了检验假设 H4，在上述基础上构建式（4-4）：

$$ICI = \beta_0 + \beta_1Tenure + \beta_2Tenure^2 + \beta_3Size + \beta_4Age + \beta_5Loss + \beta_6Z +$$
$$\beta_7Grosslist + \beta_8Growth + \beta_9DSize + \beta_{10}INDE + \beta_{11}DUAL + \beta_{12}INV +$$
$$\beta_{13}OP + \beta_{14}SOE + \sum \beta \times IND + \sum \beta \times Year + \varepsilon \qquad (4-4)$$

2. 变量定义

被解释变量为内部控制质量，笔者选择深圳市迪博企业风险管理技术有限公司公布的内部控制指数作为内部控制质量的代理变量，为了降低离散程度对回归结果的不利影响，对内部控制指数进行了对数化处理。

本节的解释变量为审计师规模、行业专长、审计师组织形式和审计任期。审计师规模按照中国注册会计师协会每年公布的事务所评价前百家信息，按照研究需要划分为国际四大审计师和非四大（Big4）、十大和非十大（Big10）以及国内十大审计师和国内非十大审计师（DBig10）。行业专长借鉴 Zeff 和 Fossum（1967）的计算方法，采用特定审计师在某一行业中的客户数值占全部审计师在该行业的客户数值来衡量审计师行业专长，具体计算公式如式（4-5）所示：

$$MS_{ik} = \sum_{i=1}^{J_{ik}} \sqrt{ASSETS_{ijk}} \Big/ \sum_{i=1}^{I_k} \sum_{j=1}^{J_{ik}} \sqrt{ASSETS_{ijk}} \qquad (4-5)$$

式（4-5）中，MS_{ik} 为 i 审计师在 k 行业中的市场份额；$\sum_{i=1}^{J_{ik}} \sqrt{ASSETS_{ijk}}$ 代表 i 审计师所在 k 行业以某一指标计算的客户数值之和，本书中该客户数值为总资产平方根之和；$\sum_{i=1}^{I_k} \sum_{j=1}^{J_{ik}} \sqrt{ASSETS_{ijk}}$ 代表 k 行业全部客户数值之和。

借鉴蔡春和鲜文铎（2007）的做法，当行业市场份额大于 10% 时定义为行业专长事务所，SP 取 1，否则取 0，为了保证结果的稳健性，本节还直接以行业市场份额作为行业专长的代理变量进行了检验。

审计师组织形式根据 2010 年以来会计师事务所转制为特殊普通合伙制的情形进行划分，以 OF 表示该变量，转制后标记为 1，转制前标记为 0，由于会计师事务所转制并非是随机进行的，而是由大规模事务所率先开始实施转制，然后逐步在中小规模事务所实施，因此如果直接在转制后与未转制审计师之间进行比较分析很难控制审计师规模带来的影响，因此本节对审计师转制前后客户的权益资本成本进行比较分析，同时为了防止不同年度实施转制可能存在的政策效应差异，对 2011 年、2012 年和 2013 年实施转制的事务所分别进行转制前后的比较分析。

审计师任期以会计师事务所连续服务某一客户的年限数表示，具体计算方法为当年度日历年份减去审计师开始服务该公司年度日历年份，然后加 1，以 Tenure 表示该变量。

控制变量主要选取可能对内部控制质量产生影响的企业特征因素。企业规模（Size），以期末总资产的自然对数表示；企业年龄（LAGE），以上市开始年数的自然对数表示；资产负债率（Loss），虚拟变量，当年净利润小于 0 取 1，否则取 0；破产风险（Z），按照 Altman 方法计算得到；交叉上市（Crosslist），是否交叉上市，交叉上市取 1，否则取 0；公司增长率（Growth），以销售收入增长率表示；董事会规模（Directors），董事会人数的自然对数表示；董事会独立性比例（INDE），独立董事占董事会总人数的比重；两职合一（DUAL），董事长和总经理是否两职合一，两职合一取 1，否则取 0；存货比重（INV），存货占总资产的比重；审计意见类型（OP），审计意见为非标准审计意见时取 1，否则取 0；产权性质（SOE），企业为国有企业时取 1，否则取 0。具体变量定义如表 4-1 所示：

表 4-1　变量定义

变量名称	变量含义	变量取值方法及说明
ICI	内部控制质量	采用迪博指数作为内部控制质量的代理变量
Big	事务所规模	哑变量，根据研究需要，进一步将该变量区分为 Big4、Big10 和 DBig10，分别表示国际四大审计师、十大和国内十大审计师

变量名称	变量含义	变量取值方法及说明
SP	行业专长	哑变量，根据 Zeff 和 Fossum（1967）的计算方法，当市场份额大于10%时取1，否则取0
OF	审计师组织形式	哑变量，转制为特殊普通合伙后取1，转制前取0
Tenure	审计师任期	审计师服务某一客户的年限数
Size	企业规模	公司总资产的自然对数
LAGE	企业年龄	企业上市年限的自然对数
Loss	资产负债率	公司总负债/总资产
Z	破产风险	按照 Altman 方法计算得到
Foreign	海外业务	有海外业务赋值为1，否则为0
Crosslist	交叉上市	交叉上市取1，否则取0
ICA	内部控制审计	内部控制审计取1，否则取0
Growth	公司增长率	以销售收入增长率表示
Directors	董事会规模	董事会人数
INDE	董事会独立性	独立董事占董事会人数的比重
DUAL	两职合一	两职合一取1，否则取0
INV	存货比重	存货占总资产的比重
OP	审计意见类型	哑变量，非标准审计意见取1，否则取0
SOE	产权性质	哑变量，终极控制人性质为国有时取1，否则取0

资料来源：笔者整理。

第三节　实证结果分析

一、变量描述性统计与相关系数分析

表4-2为变量的描述性统计。从表中可以看出，内部控制指数（LICI）的均值为6.500，中位数为6.520，标准差为0.140，均值和中位数比较接近，数

据符合正态分布的特征，最大值为 6.810，最小值为 5.830，数据分布离散程度较低；国际四大审计师（Big4）的均值为 0.0800，表明由国际四大审计师审计的客户占总体客户的比重为 8%左右，十大审计师（Big10）的均值为 0.320，表明由十大审计师审计的客户占总体客户的比重为 32%左右，这说明从客户数量角度来衡量的话，国际四大审计师确实市场占有率比较低，这或许反映了国际四大审计师在发展客户方面比较慎重的态度，国内十大审计师（DBig10）的均值为 0.600，表明由国内十大审计师审计的客户占总客户的比重为 60%左右；行业专长 SP1 和 SP2 的均值分别为 0.31 和 0.32，表明由行业专长审计师审计的客户占总客户的比重约为 31%和 32%，而且表明行业专长的两种度量方式一致性比较高。同时从自愿和强制内部控制鉴证（ICA）来看，均值为 0.680，表明在整个样本期间，自愿选择内部控制鉴证和强制性内部控制鉴证的比重约为68%，即使去掉 2012 年和 2013 年强制性内部控制鉴证的样本点，自愿性内部控制鉴证的比重也不可忽视，因此本节在剔除掉自愿和强制性内部控制鉴证之后进行回归分析，以控制其可能对回归结果的影响还是非常有必要的。

表 4-2　变量描述性统计

变量	样本规模	最大值	最小值	均值	中位数	标准差
LICI	13559	6.810	5.830	6.500	6.520	0.140
Big4	13559	1	0	0.0800	0	0.270
Big10	13559	1	0	0.320	0	0.470
DBig10	13559	1	0	0.600	1	0.490
SP	13559	1	0	0.310	0	0.460
Size	13559	26.39	19.90	22.36	22.18	1.310
LAGE	13559	3.370	1.390	2.730	2.830	0.470
Loss	13559	0.890	0.0800	0.460	0.460	0.200
Z	13559	27.23	0.950	5.040	3.690	4.320
Crosslist	13559	1	0	0.0900	0	0.280
ICA	13559	1	0	0.680	1	0.470
Growth	13559	3.190	−0.510	0.220	0.130	0.480
Directors	13536	15	5	8.730	9	1.740

续表

变量	样本规模	最大值	最小值	均值	中位数	标准差
INDE	13534	0.570	0.330	0.370	0.330	0.0500
DUAL	13559	1	0	0.260	0	0.440
INV	13513	0.740	0	0.160	0.120	0.150
OP	13559	1	0	0.0200	0	0.140
SOE	13559	1	0	0.380	0	0.490

表4-3为变量间的相关系数。从解释变量与被解释变量之间的相关系数来看，国际四大审计师（Big4）与内部控制指数（LICI）之间的相关系数为0.17，十大（Big10）与内部控制指数（LICI）之间的相关系数为0.082，行业专长（SP）与内部控制指数（LICI）之间的相关系数为0.020，且均在1%的水平上显著，与假设H1和假设H2相符，其中国内十大审计师（DBig10）与内部控制指数（LICI）的相关系数未予列示，主要是考虑到国际四大审计师可能会对结果造成干扰，无法解释。从控制变量与被解释变量的相关系数来看，绝大多数控制变量均在1%的水平上与被解释变量高度相关，表明控制变量的设置是比较合理的。从解释变量与控制变量以及控制变量之间的相关系数来看，相关系数的值均低于0.5的水平，表明变量之间不存在严重的多重共线性问题，本节的回归结果基本排除了多重共线性带来的不利影响。

二、单变量分析

表4-4为内部控制质量（LICI）单变量分析的结果，可以看出，国际四大审计师和非国际四大审计师之间、十大和非十大之间以及国内十大审计师和国内非十大审计师之间内部控制质量的均值和中位数差异检验均符合本书的预期，表明选择大规模审计师有助于提高内部控制质量。行业专长和非行业专长审计师之间的均值差异检验符合本书预期，但中位数差异检验不显著。内部控制质量还受到其他很多因素的影响，为了获得审计师选择与内部控制质量之间更准确的关系，还需要在控制其他因素的情形下进行多元回归分析。

表 4-3　变量间 Spearman 相关系数

变量	LICI	Big4	Big10	SP	Size	LAGE	Loss	Z	foreign	Growth	Directors	INDE	DUAL	INV	OP
LICI	1														
Big4	0.17***	1													
Big10	0.082***	0.42***	1												
SP	0.020***	-0.035***	0.30***	1											
Size	0.22***	0.40***	0.18***	0.042***	1										
LAGE	0.011	0.088***	0.024**	-0.061***	0.27***	1									
Loss	-0.0071	0.12***	0.043***	-0.038***	0.48***	0.35***	1								
Z	0.013	-0.11***	-0.023**	0.043***	-0.40***	-0.19***	-0.67***	1							
foreign	-0.019*	-0.052***	-0.031***	-0.0097	-0.062***	-0.26***	-0.10***	0.043***	1						
Growth	0.13***	-0.030***	-0.021*	-0.0059	0.029***	-0.064***	0.031***	0.00094	0.0031	1					
Directors	0.087***	0.13***	0.048***	-0.0042	0.27***	0.17***	0.15***	-0.15***	-0.062***	-0.044***	1				
INDE	0.012	0.050***	0.032***	0.015	0.053***	-0.053***	-0.0091	0.024***	0.034***	0.012	-0.45***	1			
DUAL	-0.044***	-0.083***	-0.016	0.028***	-0.16***	-0.22***	-0.11***	0.084***	0.083***	0.043***	-0.17***	0.10***	1		
INV	0.063***	-0.032***	-0.025***	-0.043***	0.12***	0.17***	0.33***	-0.17***	-0.085***	0.029***	-0.021*	0.0051	-0.021*	1	
OP	-0.27***	-0.024**	-0.018*	-0.0077	-0.076***	0.058***	0.097***	-0.033***	-0.036***	-0.020*	0.0019	0.0056	-0.00051	-0.035***	1

注：***、**、* 分别表示在 1%、5%、10%的水平上显著。

表4-4　单变量分析

变量	非四大			四大			差异检验	
	样本规模	均值	中位数	样本规模	均值	中位数	均值差异	中位数差异
LICI	11402	6.487	6.510	957	6.570	6.577	-0.084***	175.003***

变量	非十大			十大			差异检验	
	样本规模	均值	中位数	样本规模	均值	中位数	均值差异	中位数差异
LICI	8450	6.486	6.509	3909	6.509	6.524	-0.024***	56.130***

变量	国内非十大审计师			国内十大审计师			差异检验	
	样本规模	均值	中位数	样本规模	均值	中位数	均值差异	中位数差异
LICI	4888	6.483	6.508	7471	6.499	6.517	-0.016***	21.766***

变量	非行业专长			行业专长			差异检验	
	样本规模	均值	中位数	样本规模	均值	中位数	均值差异	中位数差异
LICI	8862	6.493	6.514	3497	6.492	6.512	0.002	0.538

注：***、**、*分别表示在1%、5%、10%的水平上显著。

资料来源：笔者整理。

三、多元回归分析

1. 不考虑自愿性和强制性内部控制鉴证的多元回归分析

表4-5是未剔除内部控制鉴证情形下对假设1的多元回归分析结果。从回归1和回归2可以看出，国际四大审计师（Big4）的回归系数分别为0.023和0.025，且均在1%的水平上显著，表明不论是相对于非国际四大审计师还是国内十大审计师，选择国际四大审计师进行审计对财务报告年度当期的内部控制质量就产生了更加积极的影响。回归3是将国际四大审计师和国内六大混合在一起之后的回归结果，十大Big10的回归系数为0.007，仍然在1%的水平上显著，然而与回归1和回归2相比，回归系数的水平差距较大，而且从t值来看，两者的显著程度也存在明显差异，这提示我们将国际四大审计师和国内六大混合在一起可能会掩盖两者在提升内部控制质量方面非同质的事实，因此本节还单独对国内十大审计师和国内非十大审计师进行了回归分析，回归结果如回归4所示，国内十大审计师DBig10的回归系数为0.007，这表明选择国内十大审计师，与国内非十大审计师相比，能对内部控制质量的提升起到显著的影响。

表4-5　当期审计师规模与内部控制质量的回归结果

变量	回归1	回归2	回归3	回归4
Big4	0.023***	0.025***		
	(4.52)	(4.55)		
Big10			0.007***	
			(2.90)	
DBig10				0.007***
				(3.09)
Size	0.037***	0.035***	0.038***	0.038***
	(27.87)	(20.65)	(29.79)	(29.78)
LAGE	−0.040***	−0.034***	−0.041***	−0.041***
	(−13.75)	(−9.27)	(−14.09)	(−13.94)
Loss	−0.079***	−0.094***	−0.080***	−0.080***
	(−8.51)	(−7.49)	(−8.61)	(−8.59)
Z	0.002***	0.002***	0.002***	0.002***
	(6.96)	(3.53)	(7.00)	(7.06)
Crosslist	0.003	0.002	0.008*	0.009*
	(0.61)	(0.39)	(1.71)	(1.88)
Growth	0.033***	0.036***	0.032***	0.032***
	(14.35)	(12.30)	(14.23)	(14.25)
Directors	0.000	−0.001	−0.000	−0.000
	(−0.11)	(−0.97)	(−0.07)	(−0.13)
INDE	0.004	0.000	0.007	0.009
	(0.19)	(0.01)	(0.31)	(0.40)
Dual	−0.003	−0.002	−0.003	−0.003
	(−1.17)	(−0.67)	(−1.33)	(−1.32)
INV	0.045***	0.056***	0.043***	0.043***
	(4.32)	(4.21)	(4.17)	(4.14)
OP	−0.231***	−0.231***	−0.230***	−0.231***
	(−17.02)	(−12.86)	(−16.97)	(−16.97)
SOE	0.008***	0.004	0.008***	0.008***
	(2.90)	(1.15)	(2.78)	(2.84)

续表

变量	回归1	回归2	回归3	回归4
截距	5.913***	5.906***	5.886***	5.884***
	(188.54)	(144.72)	(191.84)	(191.95)
行业年度	控制	控制	控制	控制
样本规模	13488	8078	13488	13488
调整后的 R^2	0.226	0.242	0.234	0.234

注：***、**、*分别表示在1%、5%、10%的水平上显著；括弧内为t值。

资料来源：资料来源：笔者整理。

为了考察审计师选择对内部控制质量更长期间的影响并在一定程度上控制内生性问题，将审计师规模变量滞后一期进行回归，回归结果如表4-6所示。回归1和回归2的结果表明，选择国际四大审计师仍然对内部控制质量产生了积极影响，说明国际四大审计师在提供财务报表审计业务的同时，非常注重增值服务的提供，积极与客户沟通内部控制存在的重大缺陷，提升了客户的管理水平，从而进一步验证了假设H1a。从回归3十大审计师Big10滞后一期的回归结果来看，系数在5%的水平上显著为正，验证了假设H1b，不过其系数值明显小于国际四大审计师的回归系数，提示将国内六大审计师与国际四大审计师混合在一起可能会掩盖二者非同质的事实。因此，本节将国内十大审计师与国内非十大审计师单独分离出来进行回归分析，从回归4国内十大审计师DBig10的回归结果来看，假设H1c通过检验，表明选择国内十大审计师与国内非十大审计师相比，能对内部控制质量的提升起到显著的影响。

表4-6　滞后一期审计师规模与内部控制质量的回归结果

变量	回归1	回归2	回归3	回归4
L.Big4	0.027***	0.030***		
	(5.06)	(5.47)		
L.Big10			0.006**	
			(2.48)	
L.DBig10				0.006***
				(2.68)
Size	0.036***	0.035***	0.038***	0.038***
	(26.17)	(20.49)	(28.04)	(28.09)

变量	回归 1	回归 2	回归 3	回归 4
LAGE	−0.034***	−0.034***	−0.035***	−0.035***
	(−10.21)	(−9.19)	(−10.60)	(−10.45)
Loss	−0.079***	−0.094***	−0.080***	−0.080***
	(−8.05)	(−7.47)	(−8.15)	(−8.14)
Z	0.002***	0.002***	0.002***	0.002***
	(6.57)	(3.53)	(6.61)	(6.64)
Crosslist	0.002	0.000	0.008	0.009*
	(0.32)	(0.08)	(1.64)	(1.81)
Growth	0.033***	0.037***	0.032***	0.032***
	(14.09)	(12.37)	(13.94)	(13.93)
Directors	−0.000	−0.001	−0.000	−0.000
	(−0.24)	(−1.01)	(−0.18)	(−0.21)
INDE	−0.004	−0.001	−0.000	0.002
	(−0.14)	(−0.04)	(−0.00)	(0.09)
Dual	−0.003	−0.002	−0.003	−0.003
	(−1.17)	(−0.68)	(−1.33)	(−1.30)
INV	0.042***	0.056***	0.040***	0.040***
	(3.89)	(4.24)	(3.70)	(3.67)
OP	−0.223***	−0.231***	−0.223***	−0.223***
	(−15.93)	(−12.90)	(−15.87)	(−15.87)
SOE	0.006**	0.004	0.006**	0.006**
	(2.12)	(1.16)	(2.05)	(2.11)
截距	5.867***	5.914***	5.832***	5.830***
	(137.58)	(145.72)	(139.20)	(139.23)
行业年度	控制	控制	控制	控制
样本规模	12300	8078	12300	12300
调整后的 R^2	0.226	0.243	0.225	0.225

注：***、**、*分别表示在1%、5%、10%的水平上显著；括弧内为 t 值。

资料来源：资料来源：笔者整理。

表 4-7 是未剔除内部控制鉴证时对假设 H2 的多元回归分析结果。回归 1

和回归 2 是对行业专长分别以类别变量和连续变量度量的回归结果，行业专长的回归系数分别为 0.005 和 0.073，分别在 5%和 1%的水平上显著，表明选择行业专长审计师能够对内部控制质量产生积极影响，行业专长审计师对行业内客户的内部控制比较熟悉，能够更加有效地提出改进建议，同时行业专长审计师采取的差异化竞争战略也使其更加重视向客户提供增值服务，因而选择行业专长审计师有助于客户提升内部控制质量，这验证了假设 H2。为了进一步考察行业专长审计师选择对内部控制质量的长期影响并在一定程度上控制内生性问题，笔者还将行业专长变量滞后一期进行了回归分析，回归 4 表明，从长期来看，选择行业专长审计师仍然能够对被审计单位的内部控制质量产生积极影响，这进一步验证了假设 H2。

表 4-7 审计行业专长与内部控制质量的回归结果

变量	回归 1	回归 2	回归 3	回归 4
SP	0.005 **			
	(2.33)			
SPE		0.073 ***		
		(3.86)		
L.SP			0.003	
			(1.00)	
L.SPE				0.066 ***
				(2.87)
Size	0.038 ***	0.038 ***	0.038 ***	0.038 ***
	(30.08)	(29.54)	(28.43)	(28.03)
LAGE	−0.041 ***	−0.040 ***	−0.036 ***	−0.035 ***
	(−14.08)	(−13.81)	(−10.62)	(−10.36)
Loss	−0.079 ***	−0.079 ***	−0.080 ***	−0.080 ***
	(−8.58)	(−8.57)	(−8.14)	(−8.14)
Z	0.002 ***	0.002 ***	0.002 ***	0.002 ***
	(7.09)	(7.03)	(6.70)	(6.63)
Crosslist	0.010 **	0.009 *	0.010 **	0.009 *
	(2.09)	(1.88)	(2.05)	(1.92)
Growth	0.032 ***	0.032 ***	0.032 ***	0.032 ***
	(14.20)	(14.22)	(13.89)	(13.93)

续表

变量	回归1	回归2	回归3	回归4
Directors	-0.000 (-0.08)	-0.000 (-0.11)	-0.000 (-0.19)	-0.000 (-0.19)
INDE	0.008 (0.36)	0.008 (0.36)	0.001 (0.05)	0.002 (0.07)
Dual	-0.003 (-1.34)	-0.003 (-1.38)	-0.003 (-1.32)	-0.004 (-1.36)
INV	0.042*** (4.07)	0.042*** (4.08)	0.039*** (3.62)	0.039*** (3.61)
OP	-0.230*** (-16.98)	-0.231*** (-17.00)	-0.223*** (-15.88)	-0.223*** (-15.88)
SOE	0.008*** (2.91)	0.008*** (2.93)	0.006** (2.12)	0.006** (2.14)
截距	5.880*** (191.86)	5.873*** (191.80)	5.828*** (138.90)	5.822*** (138.96)
行业年度	控制	控制	控制	控制
样本规模	13488	13488	12300	12300
调整后的 R^2	0.233	0.234	0.224	0.225

注：***、**、*分别表示在1%、5%、10%的水平上显著；括弧内为 t 值。

资料来源：资料来源：笔者整理。

表4-8是在未剔除内部控制自愿鉴证的情形下对假设 H3 的回归结果，回归1、回归2和回归3分别是2011年、2012年和2013年实施转制的审计师转制前后的对比分析结果，从审计师组织形式变量 OF 的回归系数来看，表明审计师实施特殊普通合伙转制后，能够有效提升被审计单位的内部控制质量，假设 H3a 通过检验。

表4-8　审计师组织形式与内部控制质量的回归结果

变量	回归1	回归2	回归3
OF	-0.000	-0.170*** (-4.28)	-0.098*** (-4.31)

续表

变量	回归 1	回归 2	回归 3
Size	0.037 ***	0.043 ***	0.046 ***
	(8.30)	(5.45)	(7.02)
LAGE	−0.048 ***	0.008	−0.066 ***
	(−4.46)	(0.29)	(−4.73)
Loss	−0.076 ***	−0.095	−0.044
	(−2.65)	(−1.37)	(−1.13)
Z	0.002 *	0.008 ***	0.004 ***
	(1.72)	(3.46)	(3.04)
Crosslist	0.123 ***	0.032	0.021
	(5.10)	(1.37)	(1.37)
Growth	0.037 ***	0.089 ***	0.014 **
	(4.28)	(3.56)	(2.08)
Directors	−0.005	0.007 *	−0.001
	(−1.58)	(1.88)	(−0.20)
INDE	0.024	0.043	0.180 *
	(0.33)	(0.34)	(1.72)
Dual	−0.002	−0.003	0.010
	(−0.38)	(−0.18)	(1.03)
INV	0.056	0.052	0.002
	(1.62)	(0.70)	(0.05)
OP	−0.201 ***	—	−0.221 ***
	(−4.92)		(−3.80)
SOE	0.000	−0.028	0.032 **
	(0.02)	(−1.43)	(2.45)
截距	5.975 ***	5.473 ***	5.740 ***
	(52.81)	(29.06)	(42.27)
行业年度	控制	控制	控制
样本规模	1358	397	834
调整后的 R^2	0.241	0.419	0.294

注：***、**、*分别表示在1%、5%、10%的水平上显著；括弧内为t值。
资料来源：资料来源：笔者整理。

表 4-9 是未剔除内部控制自愿鉴证的情形下对假设 H4 的回归结果，回归 1 是未加入审计师任期 Tenure 二次项的回归结果，审计师任期的回归系数为 0.001，且在 1% 的水平上显著，表明随着审计任期的延长，审计师对被审计单位的业务流程越来越熟悉，能够更加有效地发现被审计单位的内部控制缺陷并提出针对性的改进建议，因而提高了被审计单位的内部控制质量。回归 2 为加入审计师任期二次项的回归结果，其二次项的回归系数未通过显著性检验。总体上来看，研究假设 H4a 得到一定程度的验证。

表 4-9　审计师任期与内部控制质量的回归结果

变量	回归 1	回归 2
Tenure	0.001 *** (5.82)	0.003 *** (3.30)
Tenure^2		−0.000 (−1.60)
Size	0.038 *** (28.59)	0.038 *** (28.39)
LAGE	−0.040 *** (−11.55)	−0.039 *** (−10.59)
Loss	−0.077 *** (−7.83)	−0.077 *** (−7.85)
Z	0.002 *** (6.91)	0.002 *** (6.88)
Crosslist	0.011 ** (2.24)	0.011 ** (2.20)
Growth	0.033 *** (14.29)	0.033 *** (14.34)
Directors	−0.000 (−0.29)	−0.000 (−0.24)
INDE	−0.000 (−0.02)	0.001 (0.02)

续表

变量	回归 1	回归 2
Dual	−0.003 (−1.30)	−0.003 (−1.22)
INV	0.040 *** (3.66)	0.039 *** (3.62)
OP	−0.222 *** (−15.80)	−0.222 *** (−15.80)
SOE	0.007 ** (2.39)	0.007 ** (2.52)
截距	5.838 *** (140.04)	5.829 *** (139.78)
行业年度	控制	控制
样本规模	12294	12294
调整后的 R^2	0.227	0.227

注：*** 、** 、* 分别表示在 1%、5%、10%的水平上显著；括弧内为 t 值。
资料来源：资料来源：笔者整理。

2. 剔除自愿性和强制性内部控制鉴证的多元回归分析

2006 年，上海证券交易所和深圳证券交易所分别发布了内部控制指引，倡导上市公司披露内部控制自我评估报告和会计师事务所的审核评价意见。2008 年，财政部等五部委联合发布了《企业内部控制基本规范》，要求上市公司披露年度自我评估报告，可聘请具有证券、期货业务资格的会计师事务所对内部控制的有效性进行审计。2010 年，财政部等五部委联合发布《企业内部控制配套指引》，自 2011 年 1 月 1 日起在境内外同时上市的公司施行，自 2012 年 1 月 1 日起，在上海证券交易所、深圳证券交易所主板上市公司施行。内部控制鉴证直接针对内部控制设计和运行的有效性发表意见，能够更加有效地提升内部控制质量，可能会对财务报表审计中审计师选择的影响产生混淆，因此，为了更干净地考察财务报表审计中审计师选择对内部控制质量的影响，进一步在剔除自愿性和强制性内部控制鉴证的基础上进行回归分析。

回归结果如表 4-10 至表 4-14 所示，可以看出，在进一步剔除自愿性和强制性内部控制审计的样本点后，结果与表 4-5 至表 4-9 中的结果仍然保持一致，这进一步证明了本书的研究结论。

表 4-10 当期审计师规模与内部控制质量的回归结果

变量	回归 1	回归 2	回归 3	回归 4
Big4	0.022 ***	0.023 ***		
	(2.71)	(2.64)		
Big10			0.004	
			(1.28)	
DBig10				0.006 **
				(2.34)
Size	0.042 ***	0.039 ***	0.044 ***	0.043 ***
	(23.29)	(17.02)	(24.27)	(24.11)
LAGE	−0.046 ***	−0.035 ***	−0.046 ***	−0.046 ***
	(−8.04)	(−4.92)	(−8.21)	(−8.15)
Loss	−0.096 ***	−0.095 ***	−0.097 ***	−0.097 ***
	(−8.01)	(−5.85)	(−8.08)	(−8.09)
Z	0.001 ***	0.001	0.001 ***	0.001 ***
	(3.80)	(1.62)	(3.82)	(3.81)
Crosslist	0.007	0.012	0.013	0.013
	(0.82)	(1.19)	(1.58)	(1.58)
Growth	0.030 ***	0.032 ***	0.030 ***	0.030 ***
	(10.30)	(8.17)	(10.21)	(10.24)
Directors	0.003 ***	0.000	0.003 ***	0.003 ***
	(2.59)	(0.19)	(2.64)	(2.66)
INDE	0.062 **	−0.016	0.063 **	0.065 **
	(2.19)	(−0.41)	(2.21)	(2.30)
Dual	−0.001	−0.002	−0.001	−0.001
	(−0.42)	(−0.46)	(−0.51)	(−0.48)
INV	0.036 ***	0.050 ***	0.036 **	0.036 **
	(2.60)	(2.85)	(2.54)	(2.57)
OP	−0.242 ***	−0.233 ***	−0.242 ***	−0.242 ***
	(−13.64)	(−9.90)	(−13.64)	(−13.63)
SOE	0.009 **	0.004	0.008 **	0.008 **
	(2.23)	(0.74)	(2.11)	(2.17)

续表

变量	回归1	回归2	回归3	回归4
截距	5.797 *** (125.53)	5.878 *** (96.85)	5.771 *** (126.17)	5.772 *** (126.19)
行业年度	控制	控制	控制	控制
样本规模	6714	3986	6714	6714
调整后的 R^2	0.299	0.303	0.298	0.299

注：*** 、** 、* 分别表示在1%、5%、10%的水平上显著；括弧内为t值。

资料来源：资料来源：笔者整理。

表4-11　滞后一期审计师规模与内部控制质量的回归结果

变量	回归1	回归2	回归3	回归4
L. Big4	0.024 *** (2.99)	0.024 *** (2.91)		
L. Big10			0.004 (1.27)	
L. DBig10				0.005 ** (1.99)
Size	0.042 *** (23.18)	0.039 *** (16.92)	0.044 *** (24.26)	0.043 *** (24.14)
LAGE	-0.046 *** (-8.06)	-0.035 *** (-4.93)	-0.046 *** (-8.21)	-0.046 *** (-8.17)
Loss	-0.096 *** (-8.01)	-0.095 *** (-5.86)	-0.098 *** (-8.09)	-0.097 *** (-8.09)
Z	0.001 *** (3.80)	0.001 (1.61)	0.001 *** (3.81)	0.001 *** (3.82)
Crosslist	0.007 (0.75)	0.011 (1.12)	0.013 (1.58)	0.013 (1.63)
Growth	0.030 *** (10.33)	0.032 *** (8.22)	0.030 *** (10.22)	0.030 *** (10.22)
Directors	0.003 *** (2.59)	0.000 (0.19)	0.003 *** (2.63)	0.003 *** (2.67)
INDE	0.062 ** (2.19)	-0.017 (-0.41)	0.063 ** (2.21)	0.065 ** (2.29)

续表

变量	回归 1	回归 2	回归 3	回归 4
Dual	−0.001 (−0.43)	−0.002 (−0.47)	−0.002 (−0.52)	−0.001 (−0.48)
INV	0.036 *** (2.61)	0.050 *** (2.85)	0.036 ** (2.54)	0.036 ** (2.55)
OP	−0.242 *** (−13.64)	−0.233 *** (−9.90)	−0.242 *** (−13.64)	−0.242 *** (−13.63)
SOE	0.009 ** (2.25)	0.004 (0.77)	0.008 ** (2.12)	0.008 ** (2.17)
截距	5.797 *** (125.16)	5.879 *** (96.55)	5.772 *** (126.25)	5.773 *** (126.13)
行业年度	控制	控制	控制	控制
样本规模	6714	3986	6714	6714
调整后的 R^2	0.299	0.303	0.298	0.298

注：*** 、** 、* 分别表示在 1%、5%、10% 的水平上显著；括弧内为 t 值。

资料来源：资料来源：笔者整理。

表4-12 审计行业专长与内部控制质量回归结果

变量	回归 1	回归 2	回归 3	回归 4
SP	0.010 *** (3.33)			
SPE		0.101 *** (3.80)		
L. SP			0.010 *** (3.15)	
L. SPE				0.108 *** (4.04)
Size	0.044 *** (24.28)	0.043 *** (24.08)	0.044 *** (24.25)	0.043 *** (24.00)
LAGE	−0.047 *** (−8.27)	−0.046 *** (−8.16)	−0.046 *** (−8.22)	−0.046 *** (−8.10)
Loss	−0.097 *** (−8.08)	−0.098 *** (−8.12)	−0.097 *** (−8.09)	−0.098 *** (−8.13)

续表

变量	回归 1	回归 2	回归 3	回归 4
Z	0.001 ***	0.001 ***	0.001 ***	0.001 ***
	(3.84)	(3.80)	(3.80)	(3.77)
Crosslist	0.013	0.012	0.013 *	0.012
	(1.64)	(1.51)	(1.66)	(1.52)
Growth	0.030 ***	0.030 ***	0.030 ***	0.030 ***
	(10.23)	(10.27)	(10.23)	(10.27)
Directors	0.003 ***	0.003 ***	0.003 ***	0.003 ***
	(2.66)	(2.68)	(2.67)	(2.70)
INDE	0.063 **	0.065 **	0.064 **	0.064 **
	(2.24)	(2.30)	(2.26)	(2.28)
Dual	-0.002	-0.002	-0.002	-0.002
	(-0.62)	(-0.60)	(-0.61)	(-0.57)
INV	0.034 **	0.035 **	0.034 **	0.035 **
	(2.44)	(2.53)	(2.44)	(2.50)
OP	-0.242 ***	-0.242 ***	-0.243 ***	-0.242 ***
	(-13.68)	(-13.63)	(-13.71)	(-13.67)
SOE	0.008 **	0.009 **	0.008 **	0.008 **
	(2.12)	(2.22)	(2.12)	(2.20)
截距	5.769 ***	5.767 ***	5.769 ***	5.165 ***
	(126.62)	(126.10)	(126.48)	(120.57)
行业年度	控制	控制	控制	控制
样本规模	6714	6714	6714	6714
调整后的 R^2	0.299	0.300	0.299	0.300

注：***、**、*分别表示在1%、5%、10%的水平上显著；括弧内为 t 值。
资料来源：资料来源：笔者整理。

表4-13　审计师组织形式与内部控制质量回归结果

变量	回归 1	回归 2	回归 3
OF	-0.124 ***	-0.085 *	-0.081 ***
	(-2.81)	(-1.86)	(-2.71)
Size	0.036 ***	0.055 ***	0.062 ***
	(7.21)	(4.92)	(6.90)

续表

变量	回归 1	回归 2	回归 3
LAGE	−0.036 ** (−2.54)	0.116 ** (2.49)	−0.095 *** (−3.89)
Loss	−0.044 (−1.51)	−0.236 ** (−2.21)	−0.075 * (−1.77)
Z	0.001 (1.19)	0.001 (0.53)	0.003 *** (2.85)
Crosslist	—	0.045 (1.29)	0.012 (0.43)
Growth	0.038 *** (4.03)	0.045 ** (2.04)	0.023 *** (2.68)
Directors	0.000 (0.11)	0.004 (0.89)	−0.003 (−0.71)
INDE	0.101 (1.30)	−0.112 (−0.54)	0.039 (0.32)
Dual	−0.005 (−0.80)	0.010 (0.40)	0.020 * (1.84)
INV	0.048 (1.26)	0.163 (1.15)	0.063 (1.22)
OP	−0.174 *** (−3.02)	—	−0.324 *** (−3.84)
SOE	0.001 (0.06)	−0.051 * (−1.87)	0.043 ** (2.23)
截距	5.909 *** (45.48)	5.188 *** (19.45)	5.376 *** (25.59)
行业年度	控制	控制	控制
样本规模	859	157	494
调整后的 R²	0.292	0.645	0.403

注：*** 、** 、* 分别表示在 1%、5%、10%的水平上显著；括弧内为 t 值。

资料来源：资料来源：笔者整理。

表 4-14　审计师任期与内部控制质量回归结果

变量	回归 1	回归 2
Tenure	0.002 *** (5.01)	0.002 (1.49)
Tenure^2		0.000 (0.12)
Size	0.044 *** (24.19)	0.044 *** (24.12)
LAGE	−0.053 *** (−9.07)	−0.053 *** (−9.02)
Loss	−0.095 *** (−7.90)	−0.095 *** (−7.89)
Z	0.001 *** (3.92)	0.001 *** (3.92)
Crosslist	0.014 * (1.74)	0.014 * (1.74)
Growth	0.031 *** (10.50)	0.031 *** (10.48)
Directors	0.003 ** (2.45)	0.003 ** (2.45)
INDE	0.059 ** (2.08)	0.059 ** (2.06)
Dual	−0.001 (−0.36)	−0.001 (−0.37)
INV	0.034 ** (2.46)	0.035 ** (2.46)
OP	−0.241 *** (−13.52)	−0.241 *** (−13.52)
SOE	0.010 ** (2.47)	0.010 ** (2.46)
截距	5.784 *** (126.92)	5.785 *** (126.81)

续表

变量	回归 1	回归 2
行业年度	控制	控制
样本规模	6712	6712
调整后的 R^2	0.301	0.301

注：***、**、* 分别表示在 1%、5%、10%的水平上显著；括弧内为 t 值。
资料来源：资料来源：笔者整理。

四、Heckman 二阶段回归

审计师选择可能存在非随机性，会导致回归结果存在一定的内生性问题，因此借鉴 Chaney 等（2004）、陈小林等（2013）的研究，采用 Heckman 二阶段回归予以控制。第一阶段，分别构建事务所规模和行业专长的 Probit 选择式（4-6）和式（4-7）：

$$Big = \beta_0 + \beta_1 Size + \beta_2 ROA + \beta_3 CURR + \beta_4 QUIK + \beta_5 LEV +$$
$$\beta_6 ATURN + \beta_7 Loss + \sum \beta^* IND + \varepsilon \qquad (4-6)$$

$$SP = \beta_0 + \beta_1 Size + \beta_2 LAGE + \beta_3 Growth + \beta_4 ROA + \beta_5 LEV +$$
$$\beta_6 ATURN + \beta_7 Loss + \beta_8 Tenure + \sum \beta^* IND + \varepsilon \qquad (4-7)$$

式（4-6）和式（4-7）中，ROA 表示总资产报酬率，CURR 表示流动资产占总资产的比重，QUIK 为流动比率，ATURN 表示总资产周转率，Tenure 表示审计任期，其他变量含义同式（4-1）和式（4-2）。分别运用 Probit 估计模型对式（4-6）、式（4-7）进行预测，根据预测结果计算逆米尔斯比（Lambda），其中 Lambda1 为选择国际四大审计师事务所 Big4 的逆米尔斯比，Lambda2 为选择十大事务所 Big10 的逆米尔斯比，Lambda3 为选择国内十大审计师事务所 DBig10 的逆米尔斯比，Lambda4 为选择行业专长事务所 SP 的逆米尔斯比。第二阶段，将得到的逆米尔斯比加入到式（4-1）和式（4-2）中作为控制变量重新回归，控制可能的样本选择偏误，以解决内生性问题。Heckman 二阶段回归第二阶段的回归结果如表 4-15 至表 4-17 所示，可以看出，在控制住自选择问题后，结果仍未发生重大改变，表明本书的结论具有较高的稳健性。

表4-15 当期审计师规模与内部控制质量的二阶段回归结果

变量	回归1	回归2	回归3	回归4
Big4	0.031 ** (2.44)	0.033 ** (2.15)		
Big10			−0.001 (−0.22)	
DBig10				−0.011 (−0.92)
Size	0.033 *** (10.18)	0.035 *** (7.07)	0.035 *** (10.99)	0.035 *** (11.01)
LAGE	−0.047 *** (−5.31)	−0.074 *** (−2.89)	−0.050 *** (−5.63)	−0.050 *** (−5.65)
Loss	−0.086 *** (−4.16)	−0.193 *** (−3.07)	−0.088 *** (−4.25)	−0.089 *** (−4.28)
Z	0.001 ** (2.00)	0.000 (0.40)	0.001 ** (2.08)	0.001 ** (2.06)
Crosslist	−0.015 * (−1.82)	−0.025 ** (−2.39)	−0.009 (−1.14)	−0.009 (−1.17)
Growth	0.031 *** (6.60)	0.033 *** (3.96)	0.031 *** (6.56)	0.031 *** (6.56)
Directors	−0.000 (−0.27)	−0.000 (−0.02)	−0.001 (−0.34)	−0.000 (−0.32)
INDE	0.054 (1.20)	0.040 (0.67)	0.053 (1.19)	0.054 (1.20)
DUAL	−0.003 (−0.54)	−0.002 (−0.26)	−0.003 (−0.55)	−0.003 (−0.54)
INV	0.033 (1.63)	0.056 ** (2.16)	0.033 (1.63)	0.034 * (1.68)
OP	−0.226 *** (−14.58)	−0.234 *** (−11.36)	−0.226 *** (−14.53)	−0.226 *** (−14.53)
SOE	0.004 (0.64)	0.000 (0.04)	0.004 (0.68)	0.004 (0.64)

变量	回归 1	回归 2	回归 3	回归 4
Lambda1	0.088 **	0.257 *		
	(2.49)	(1.89)		
Lambda2			0.091 **	
			(2.57)	
Lambda3				0.092 ***
				(2.59)
截距	5.708 ***	5.667 ***	5.671 ***	5.677 ***
	(62.87)	(40.20)	(63.03)	(62.95)
年度行业	控制	控制	控制	控制
样本规模	12340	7455	12340	12340

注：*** 、 ** 、 * 分别表示在 1%、5%、10% 的水平上显著；括弧内为 t 值；Lambda 表示逆米尔斯比。

资料来源：资料来源：笔者整理。

表 4-16　滞后一期审计师规模与内部控制质量的二阶段回归结果

变量	回归 1	回归 2	回归 3	回归 4
L. Bbig4	0.036 ***	0.039 *		
	(2.83)	(1.71)		
L. big10			0.002	
			(0.55)	
L. DBig10				0.001
				(0.17)
Size	0.032 ***	0.023 ***	0.034 ***	0.034 ***
	(10.11)	(4.17)	(10.92)	(10.92)
LAGE	-0.046 ***	-0.064 ***	-0.049 ***	-0.049 ***
	(-5.25)	(-3.27)	(-5.56)	(-5.57)
Loss	-0.085 ***	-0.198 ***	-0.087 ***	-0.087 ***
	(-4.14)	(-3.25)	(-4.21)	(-4.20)
Z	0.001 **	0.001	0.001 **	0.001 **
	(2.00)	(0.42)	(2.04)	(2.07)
Crosslist	-0.016 **	-0.016	-0.010	-0.009
	(-1.98)	(-1.07)	(-1.23)	(-1.17)

续表

变量	回归 1	回归 2	回归 3	回归 4
Growth	0.031 ***	0.036 ***	0.031 ***	0.031 ***
	(6.62)	(3.14)	(6.60)	(6.57)
Directors	−0.000	−0.001	−0.000	−0.000
	(−0.28)	(−0.23)	(−0.29)	(−0.32)
INDE	0.053	0.030	0.053	0.053
	(1.17)	(0.35)	(1.18)	(1.19)
DUAL	−0.003	−0.001	−0.003	−0.003
	(−0.55)	(−0.14)	(−0.56)	(−0.55)
INV	0.032	0.032	0.033 *	0.033
	(1.60)	(0.85)	(1.66)	(1.63)
OP	−0.227 ***	−0.228 ***	−0.226 ***	−0.226 ***
	(−14.62)	(−7.56)	(−14.53)	(−14.52)
SOE	0.003	0.006	0.004	0.004
	(0.60)	(0.59)	(0.66)	(0.67)
L. Lambda1	0.088 **	0.379 ***		
	(2.50)	(2.75)		
L. Lambda2			0.088 **	
			(2.47)	
L. Lambda3				0.090 **
				(2.50)
截距	5.712 ***	5.808 ***	5.675 ***	5.673 ***
	(62.97)	(44.12)	(63.14)	(63.02)
行业年度	控制	控制	控制	控制
样本规模	12340	7455	12340	12340

注：***、**、*分别表示在1%、5%、10%的水平上显著；括弧内为 t 值；Lambda 表示逆米尔斯比。

资料来源：资料来源：笔者整理。

表4-17 审计行业专长与内部控制质量的二阶段回归结果

变量	回归 1	回归 2
SP	0.021 *	
	(1.92)	

续表

变量	回归1	回归2
L. SP		-0.018^{***}
		(-6.01)
Size	-0.072^{***}	0.008^{**}
	(-3.34)	(2.32)
LAGE	0.003	0.021^{***}
	(0.21)	(3.28)
Loss	0.067	-0.056^{***}
	(1.24)	(-4.18)
Z	0.003^{*}	0.001^{***}
	(1.66)	(2.60)
Crosslist	0.029^{***}	0.023^{***}
	(2.78)	(4.63)
Growth	0.091^{***}	0.044^{***}
	(6.14)	(11.13)
Directors	0.010^{***}	0.003^{***}
	(4.23)	(2.86)
INDE	0.248^{***}	0.054^{*}
	(2.97)	(1.72)
DUAL	-0.025^{*}	-0.004
	(-1.95)	(-1.22)
INV	0.099^{***}	0.067^{***}
	(2.90)	(6.23)
OP	-0.092^{**}	-0.231^{***}
	(-1.97)	(-21.04)
SOE	-0.007	0.003
	(-0.64)	(0.88)
Lambda4	-0.217^{***}	-0.145^{***}
	(-4.98)	(-5.32)
截距	8.322^{***}	6.309^{***}
	(14.58)	(77.84)

续表

变量	回归1	回归2
行业年度	控制	控制
样本规模	12320	12320

注：***、**、* 分别表示在1%、5%、10%的水平上显著；括弧内为 t 值；Lambda 表示逆米尔斯比。

资料来源：资料来源：笔者整理。

相对而言，事务所转制是由政府推动的政策变更，属于外生变量，因此审计师组织形式与内部控制质量之间不存在较强的内生性问题；同样，审计师任期是审计师与客户之间经过长期合作形成的稳定契约关系，与内部控制质量之间也不存在较强的内生性问题。因此，本书并未对审计师组织形式、审计任期与内部控制质量之间的内生性问题予以考察。后续章节对此不再赘述。

五、稳健性检验

本书还进行了如下稳健性检验：首先，对内部控制质量采取迪博指数除以100的方式以降低其离散程度，对式（4-1）至式（4-4）重新进行了回归分析，回归结果（限于篇幅，未予列示）基本保持不变；其次，本节还采用销售收入重新计算了行业专长变量并对式（4-2）重新进行了回归分析，回归结果（限于篇幅，未予列示）基本保持不变。上述分析结果表明本书的研究结论是稳健的。

第四节　研究结论

财务报表审计中对内部控制的评价使得审计师能够发现被审计单位内控制中存在的缺陷，进而提醒被审计单位予以修正，提升了内部控制的质量，而不同特征审计对内部控制进行评价的专业胜任能力不同会导致其发现被审计单位内部控制缺陷的能力存在差异，因而审计师选择会影响内部控制质量。

经过研究发现，国际四大审计师比非国际四大审计师能够显著提高内部控制质量，十大审计师比非十大审计师能够显著提高内部控制质量，国内十大审计师比国内非十大审计师更能提升内部控制质量；行业专长事务所比非行业专长事务所能够显著提高内部控制质量；会计师事务所转制对内部控制质量产生了显著影响，表明在当前的法治环境下，事务所转制推动了事务所在财务报表审计中增加对内部控制了解和测试的投入，从一个侧面反映了资本市场中审计行业有关的法治建设已经取得了一定成果；审计任期的延长能够显著提高被审计单位的内部控制质量，但模型中加入审计任期的二次项后，审计任期及其二次项均不再显著，这可能是多重共线性带来的影响。

第五章　审计师选择与权益资本成本

资本成本对资本市场资源配置效率的提高及资金的正确引导有着极为关键的作用，更是企业投资项目甄选与评价、融资方式选择等行为的重要标准（毛新述等，2012），特别是权益资本成本，还反映了资本市场投资者对企业面临的经营风险和信息风险的评价，是投资者评估企业价值时用以贴现的折现率的重要组成部分，相对于债务资本市场中对利率的严格监管，权益资本成本对企业价值的影响更大。因此，本章考察独立审计这一重要的公司治理机制是否能够对权益资本成本产生影响，不同特征审计师的选择如何降低权益资本成本，为后续审计师选择影响企业价值的路径分析奠定基础。

第一节　理论分析与研究假设

尽管投资者在对上市公司股票进行定价决策的时候越来越多地考虑非财务信息（如媒体信息、社会责任信息等），但是经过会计师事务所审计的财务报告仍然是投资者了解上市公司的主要信息渠道，财务报告中蕴含的信息风险成为影响投资者期望报酬率的重要因素。对广大的中小规模投资者而言，在投资遭受损失的情形下，更希望能够从某些渠道获得赔偿的机会，因而会计师事务所的保险功能也逐渐成为影响投资者期望报酬率的重要因素。在有效资本市场中，投资者还可以根据审计师特征传递的信息质量差异和保险能力差异信号，提前做出投资决策或者是进行投资调整。

审计兼具信息功能和保险功能（Dye，1993）。通过外部审计师的审计并出具鉴证报告，提高了被审计单位财务报告的可靠程度，提高了信息使用者决策的精度，从而发挥了审计的信息功能。是否能够提供高质量的审计服务是审计能否发挥信息功能的关键。审计质量是审计师发现并报告客户重大错报的联合概率，发现重大错报的概率取决于审计师的专业胜任能力，而报告客户重大错报的概率则取决于审计师的独立性（DeAngelo，1981）。大规模事务所能够在人力培训方面投入更多的资源。同时，大所在本行业中的声誉、地位和更高的薪酬也使之比小所更容易吸引高素质的审计人才加盟，事务所及项目组的内部交流也有助于整个事务所审计水平的提高（Francis and Yu，2009；刘笑霞和李明辉，2011），因而其员工普遍具有较高的专业胜任能力，能够以较大的概率发现和揭示客户财务报告中的错报。从独立性视角看，如果单个客户的准租在事务所未来收入中占有较大的比重，那么事务所相对该客户的独立性水平会下降。而大规模事务所拥有较多的客户，单个客户的准租在总准租中的比重都相对较低，因而大规模事务所具有较高的独立性水平（DeAngelo，1981）。故大规模事务所在发现客户财务报告中的错报并要求客户进行调整的谈判能力相对小规模事务所都具有优势，因而大规模事务所已审计财务报告的信息质量要高。在财务报告发布年度（即报告年度的下一年度），投资者会根据发布的财务报告调整其投资决策，根据上述分析，大规模事务所审计的财务报告信息质量较高。而高质量信息可以通过提高股票的流动性降低权益资本成本（Diamond and Verrecchia，1991），还会通过影响投资者对企业未来现金流与其他企业现金流之间的协方差的评估而影响权益资本成本（Ashbaugh et al.，2009），因而在财务报告发布年度（即报告年度的下一年度），由于大规模事务所具有更强的信息功能，其审计企业的权益资本成本低于小规模事务所审计的企业的权益资本成本。

在投资者遭受投资损失的情形下，审计师向投资者提供了获得赔偿的机会（Dye，1993）。而审计师是否能够弥补投资者的投资损失则取决于审计师的保险能力，审计师的保险能力主要取决于其资产规模，显然大规模审计师的资产规模要远远大于小规模审计师。在财务报告发布年度（即报告年度的下一年度），投资者根据出具审计报告的审计师规模，对审计师的保险能力进行评价，对大规模审计师出具的审计报告予以较低的定价（Chen et al.，2011），因而大规模审计师审计的单位具有较低的权益资本成本。

如果审计师是同质的，只有当信息使用者获取审计师出具的审计报告以及已审计财务报告之后，才能对审计质量和会计信息质量作出判断，进而审计的信息功能才能够发挥作用。大量的研究表明，不同特征审计师（不同规模和不同行业专长）提供审计服务的质量是不同的，因而信息使用者可以根据被审计单位选择审计师的特征对其提供的审计服务质量作出判断，从而提前作出准确决策，这就是审计师选择信息功能差异的信号传递。如果审计师是同质的，只有当投资者真正遭受投资损失的时候，审计的保险功能才能够发挥作用，审计师之间的保险能力差异才能够体现出来。然而审计师的保险能力与其规模（资产）是正相关的，因而审计师的外部特征可以向信息使用者传递其保险能力差异的信号，这就是审计师选择保险能力差异的信号传递。

在财务报告年度结束前，被审计单位一般要与审计师签订审计业务约定书，或者审计师开始进驻被审计单位进行预审，市场会及时接收到被审计单位审计师选择的信息，通过审计师特征，如规模、行业专长等来判断其信息功能和保险功能的差异，从而提前作出投资决策。因此，审计师选择对被审计单位财务报告年度权益资本成本的影响是通过审计功能差异的信号传递发挥作用的。审计功能差异信号传递的有无和强弱与审计师声誉紧密相关（Balvers et al.，1988）。国际四大审计师事务所在经营中积累了良好的国际声誉（Craswell et al.，1995；Weber et al.，2005，张存彦和周少燕，2016），在全球范围内执行统一的质量标准，有能力为投资者弥补投资损失，同时国际四大审计师网络化的经营方式，使得其在中国的市场拓展比较谨慎，以防止国内审计失败风险波及整个经营网络（漆江娜等，2004），从而避免安达信式的下场，因而国际四大审计师能够向市场传递其更强的信息功能和保险功能的信号。国内事务所近年来经历了轰轰烈烈的做大做强战略，事务所经过多次合并，规模越来越大，然而大规模事务所作为一个高质量审计服务的群体标志还远未成形，国内前十大在历次的事务所综合评价前百家信息中也并未稳定下来，国内十大审计师也只是在学术界进行理论研究的需要而界定的。同时，国内与审计有关的诉讼还比较少，仅有的几起事务所承担民事赔偿责任的判决中事务所赔偿投资者的损失也比较小，因而国内十大审计师事务所在信息功能和保险功能的信号传递方面还有所欠缺。

根据上述分析，提出如下备择假设 H1：

H1a：在其他条件相同的情形下，国际四大审计师能够降低被审计单位财务报告年度和下一年度的权益资本成本。

H1b：在其他条件相同的情形下，相对国内非十大审计师，国内十大审计师能够降低被审计单位财务报告年度和下一年度的权益资本成本。

发展行业专长是事务所采取差异化竞争战略的一种方式，通过发展行业专长，事务所可以针对客户的特殊需求提供专业化服务，以获取准租的流入，进而将自己与其竞争对手区别开来（Mayhew and Wilkins，2003）。行业专长事务所拥有行业特殊知识和专业技能的员工，这些员工通常只为特定行业的客户提供服务，因而在识别并解决与行业有关的问题时非常熟练（O'Keefe et al.，1994；Owhoso et al.，2002），能够有效地识别被审计单位财务报告中的操控性应计。同时，行业专长事务所持续在人员培训、技术方法和内部管理控制方面进行了专门投资（Simunic and Stein，1987；Gul et al.，2009；孙童真，2020），一旦发生审计失败，行业专长事务所将会承担大量的投资损失。因而行业专长事务所能够提供更高质量的审计服务。在财务报告发布年度（即报告年度的滞后年度），投资者获得由行业专长审计师审计的财务报告进而进行投资调整时，会因为其较高的会计信息质量而增加交易量或者是降低对其未来现金流风险的评价，从而降低对该股票的期望报酬率，故行业专长审计师审计客户的权益资本成本低于非行业专长审计师客户的权益资本成本。而行业专长只是表明审计师客户在某一行内的集中程度的指标，与其提供给投资者的保险能力无关。因此，行业专长审计师与非行业专长审计师不会通过其保险功能的差异或者是保险功能差异的信号传递影响权益资本成本。同时，行业专长审计师更未在资本市场形成相对固定且有声誉的审计供给方，故行业专长审计师在信息功能差异的信号传递能力方面也还值得怀疑，即行业专长审计师无法对财务报告年度的权益资本成本产生影响。综合上述分析，提出备择假设 H2：

H2：在其他条件相同的情形下，行业专长事务所能够降低被审计单位财务报告年度和下一年度的权益资本成本。

从投资者视角来看，事务所组织形式的不同主要影响注册会计师的风险和法律责任（Firth et al.，2012；肖洁和蒋尧明，2018）。在有限责任制组织形式下，事务所以其全部资产对债务承担有限责任，即出资的注册会计师以其全部出资额为限承担有限责任，在弱化注册会计师个人责任的同时降低了注册会计师的风险意识（原红旗和李海建，2003），而在特殊普通合伙制组织形式下，一个或多个合伙人在执业活动中因故意或者重大过失造成的合伙企业债务，由其承担无限责任或者无限连带责任，其他合伙人以其在合伙企业中的财产份额为限承担责任（刘行健和王开田，2014；何琳洁等，2017），这种组织形式强化了因故意或者重大过失造成审计失败的合伙人的执业责任，强化了注册会计师的执业谨慎态度和风险意识。在法律责任加强、风险压力加大的情形下，项目合伙人会采取更加谨慎的执业态度，制订更加详细的审计计划，在审计过程中投入更多的人力、物力和时间等审计资源成本，抽取更多大规模的样本，执行更多的控制测试和实质性程度，以获取充分适当的审计证据（李江涛等，2013；黄敬昌等，2017），最终保证提供高质量的审计服务，以应对法律责任和风险的改变。然而，上述理论分析并未考虑中国当前现实的法治环境，尽管事务所组织形式的变革从理论上提升了注册会计师的法律责任和风险，但会计师事务所真正出现审计失败的时候转化为现实法律责任和风险的概率有多大？即使转化为现实的法律责任和风险，会计师事务所和注册会计师需要承担的法律责任到底有多大？现实的法治环境会影响注册会计师在执业过程中的决策。从审计诉讼发生的概率来看，我国审计市场属于低法律诉讼风险的国家（刘启亮等，2013；姜涛和尚鼎，2020），尽管国内颁布了一系列针对审计师民事诉讼的法律法规，也出现了几起审计师承担民事赔偿责任的判决，但是与大量的审计师被诉案件相比，承担民事赔偿责任仍然属于小概率事件，故审计失败发生的概率较低；从审计失败发生的后果来看，在事务所需要承担民事赔偿责任的判决中，赔偿金额相对于投资者的损失非常小，相对于会计师事务所的收入也不大，能够起到的警示作用有限。因此，会计师事务所转制能否真正影响注册会计师的审计行为，进而提升会计信息质量，最终降低被审计单位的权益资本成本是一个经验性命题。基于上述分析，本书提出如下备择假设：

H3：会计师事务所转制为特殊普通合伙制后能够降低被审计单位的权益资本成本。

审计师任期对权益资本成本从两个方面会产生影响，一方面，随着审计任期的延长，审计师对客户的行业和经营特点、运作流程和会计规则会越来越熟悉，从而越能发现被审计单位的重大错报和舞弊，即审计任期的延长提升了审计师的专业胜任能力，从而提高了审计质量。同时，审计师任期的延长，可以使得"准租"流入会计师事务所，减少会计师事务所保留客户的压力，进而提升了审计师的独立性，从而提高了审计质量，故已审计财务报告的信息质量较高，因而能够通过提高股票的流动性从而降低权益资本成本或者是通过影响投资者对企业未来现金流与其他企业现金流之间的协方差的评估降低权益资本成本。另一方面，随着审计师任期的延长，审计师与客户之间的关系越来越密切，这可能导致审计师独立性逐渐丧失，损害了审计师信息功能的发挥，即审计任期达到一定程度后，随着审计师和客户之间关系达到一定密切程度，审计师的独立性水平急剧下降，审计质量必然会受到损害，通过提升会计信息质量降低权益资本成本的作用路径也不会再发生作用，权益资本成本会转而上升。根据上述分析，本书提出如下研究假设：

H4：在其他条件相同的情形下，审计师任期与权益资本成本之间呈"U"型关系。

第二节　研究设计

一、样本选择与数据来源

本书选取 2007~2020 年 A 股上市公司作为研究样本，并按以下标准对这些样本进行了处理：①剔除金融和保险行业的上市公司；②剔除每年被 ST 的公司；③剔除财务会计数据或指标缺失的公司。为了控制极端值的影响，我们对所有变量都在 1% 的水平上进行了 Winsorize 处理。本书所需数据除贝塔系数来自 Wind 数据库外，其他数据均来自国泰安数据库。对数据的处理主要使用 STATA11.0 完成，其中解方程求取权益资本成本使用 SAS9.2 实现。

二、变量定义

1. 被解释变量

被解释变量为权益资本成本。目前理论研究中大多采用事前权益资本成本。事前权益资本成本计算有多种方法，Guay 等（2011）认为剩余收益贴现（GLS）模型是对预期收益率的最优估计，陆正飞和叶康涛（2004）发现修正后的剩余收益贴现（GLS）模型在中国具有较强的适用性。因此，本书采用剩余收益贴现（GLS）模型计算事前权益资本成本。

根据股利贴现模型，股价是基于当前信息预测的未来股利的现值。于是有式（5-1）：

$$P_t = \sum_{i=1}^{\infty} \frac{E_t(D_{t+i})}{(1 + R_e)^i} \tag{5-1}$$

式中，P_t 为当前股票价格，$E_t(D_{t+i})$ 为 t+i 期股利在第 t 期的预测值；R_e 为以第 t 期信息为基础得到的权益资本成本。

GLS 模型假定公司的盈余和权益账面价值由"干净剩余"关系确定，即各期账面价值的改变等于盈余减去净股利（$B_t = B_{t-1} + NI_t - D_t$），当前股价可重新表示为账面价值加上无限期的剩余收益贴现总和，如式（5-2）所示：

$$P_t = B_t + \sum_{i=1}^{\infty} \frac{E_t[NI_{t+i} - R_e B_{t+i-1}]}{(1+R_e)^i} = B_t + \sum_{i=1}^{\infty} \frac{E_t[(ROE_{t+i} - R_e)B_{t+i-1}]}{(1+R_e)^i}$$

$$(5-2)$$

式中，B_t 为第 t 期的账面价值，$E_t[*]$ 为基于第 t 期可获得信息的期望，NI_{t+i} 为第 t+i 期的净收益，R_e 为权益资本成本，ROE_{t+i} 为第 t+i 期的净资产收益率。

式（5-2）的计算必须指定一个确切的预测期限。因此，本书分两个阶段估计公司内在价值，第一阶段是未来三年（即第 t+1 期至第 t+3 期）的 ROE 预测期，第二阶段是三年之后（即第 t+4 期至第 t+T 期，T 为预测期限）的 ROE 预测期。于是，式（5-2）进一步变形为式（5-3）：

$$P_t = B_t + \frac{FROE_{t+1} - R_e}{(1+R_e)}B_t + \frac{FROE_{t+2} - R_e}{(1+R_e)^2}B_{t+1} + \frac{FROE_{t+3} - R_e}{(1+R_e)^3}B_{t+2} +$$

$$\frac{FROE_{t+4} - R_e}{(1+R_e)^4}B_{t+3} + \cdots + \frac{FROE_{t+T} - R_e}{(1+R_e)^T}B_{t+T-1} + TV \qquad (5-3)$$

式中，B_t 为第 t 期的每股净资产；R_e 为权益资本成本；$FROE_{t+i}$ 为第 t+i 期的预期净资产收益率；$B_{t+i} = B_{t+i-1} + FEPS_{t+i} - FDPS_{t+i}$，$FEPS_{t+i}$ 为第 t+i 期的预期每股收益，$FDPS_{t+i}$ 为第 t+i 期的预期每股股利。TV 表示终值，计算如式（5-4）所示：

$$TV = \frac{FROE_{t+T} - R}{R_e(1+R_e)^T}B_{t+T-1} \qquad (5-4)$$

Gebhardt 等（2001）认为剩余收益贴现（GLS）模型的预测期限 T 至少为 12 期。本书 T 取值为 12。既往的研究（陆正飞和叶康涛，2004；曾颖和陆正飞，2006；肖作平和曲佳莉，2013）多采用企业实际每股收益作为未来预测每股收益的度量，本书认为这种方式会受到多种噪声的干扰，计算出来的权益资本成本不是最优的估计。故本书采用未来三年的分析师预测每股收益的均值作为预期每股收益，根据干净剩余关系计算未来三年的预期净资产收益率，三年之后的预测 ROE 则向行业 ROE 的中位数直线回归，第 t+T 期以后一直维持在行业 ROE 的中位数水平上。假定 $FDPS_{t+i} = FEPS_{t+i} \times k$，k 是当前的股利支付率，由于我国缺乏公开的股利支付率的预测信息，又考虑到我国股利支付率的不稳定性，借鉴肖作平和曲佳莉（2013）的研究，本书采用研究年度过去 5 年的平均股利支付率表示 k。

2. 解释变量

解释变量为审计师规模、审计行业专长、审计师组织形式和审计师任期。根据研究需要，本书按照中国注册会计师协会每年发布的会计师事务所综合评价前百家信息，将会计师事务所按照规模划分为国际四大审计师与非国际四大审计师、十大与非十大、国内十大审计师与国内非十大审计师，分别以 Big4、Big10、DBig10 表示。

行业专长借鉴 Zeff 和 Fossum（1967）的计算方法，采用特定审计师在某一行业中的客户数值占全部审计师在该行业的客户数值来衡量审计师行业专长，具体计算如式（5-5）所示：

$$MS_{ik} = \sum_{i=1}^{J_{ik}} \sqrt{ASSETS_{ijk}} \Big/ \sum_{i=1}^{I_k} \sum_{j=1}^{J_{ik}} \sqrt{ASSETS_{ijk}} \qquad (5-5)$$

式（5-5）中，MS_{ik} 为 i 审计师在 k 行业中的市场份额；$\sum_{i=1}^{J_{ik}} \sqrt{ASSETS_{ijk}}$ 代表 i 审计师所在 k 行业以某一指标计算的客户数值之和，本书中该客户数值为总资产平方根之和；$\sum_{i=1}^{I_k} \sum_{j=1}^{J_{ik}} \sqrt{ASSETS_{ijk}}$ 代表 k 行业全部客户数值之和。借鉴蔡春和鲜文铎（2007）的做法，当行业市场份额大于 10% 时定义为行业专长事务所，SP 取 1，否则 SP 取 0。

审计师组织形式根据 2010 年以来会计师事务所转制为特殊普通合伙制的情形进行划分，以 OF 表示该变量，转制后标记为 1，转制前标记为 0，由于会计师事务所转制并非是随机进行的，而是由大规模事务所率先开始实施转制，然后逐步在中小规模事务所实施。因此，如果直接在转制后与未转制审计师之间进行比较分析很难控制审计师规模带来的影响。因此，本书对审计师转制前后对其客户的权益资本成本进行比较分析，同时为了防止不同年度实施转制可能存在的政策效应差异，本书对 2010 年、2011 年和 2012 年实施转制的事务所分别进行转制前后的比较分析。

审计师任期以会计师事务所连续服务某一客户的年限数表示，具体计算方法为当年度日历年份减去审计师开始服务该公司年度日历年份，然后加 1，以Tenure 表示该变量。

3. 控制变量

借鉴沈艺峰等（2005）、曾颖和陆正飞（2006）、肖作平和曲佳莉（2013）等的研究，本书控制了可能对权益资本成本产生影响的如下公司特征因素：企业规模（Size）；资产负债率（LEV）；贝塔系数（BETA）；市账比（MB）；公司增长率（Growth）；净资产收益率（ROA）；总资产周转率（Turnover）；股权集中度（Top1）；股票流动性（Liquid）；审计意见类型（OP）。具体变量定义如表 5-1 所示。

表 5-1　变量定义

变量	变量含义	变量取值方法及说明
COE	权益资本成本	采用剩余收益贴现（GLS）模型计算得到
Big	事务所规模	哑变量，根据本书研究需要，进一步将该变量区分为 Big4、Big10 和 DBig10，分别表示国际四大审计师、十大和国内十大审计师
SP	行业专长	哑变量，根据 Zeff 和 Fossum（1967）的计算方法，当市场份额大于 10% 时取 1，否则取 0
OF	审计师组织形式	哑变量，转制为特殊普通合伙后取 1，转制前取 0
Tenure	审计师任期	审计师服务某一客户的年限数
SOE	产权性质	哑变量，终极控制人性质为国有时取 1，否则取 0
Size	企业规模	公司总资产的自然对数
LEV	资产负债率	公司总负债/总资产
BETA	贝塔系数	以上证综指、普通周收益率、剔除财务杠杆方式取自 Wind 数据库
MB	市账比	所有者权益的市场价值/账面价值
Growth	公司增长率	以销售收入增长率表示
ROA	净资产收益率	等于净利润除以年末总资产
Turnover	总资产周转率	等于销售收入除以平均总资产
Top1	股权集中度	第一大股东持股比例
Liquid	股票流动性	直接取自国泰安数据库
OP	审计意见类型	哑变量，非标准审计意见取 1，否则取 0

三、模型设计

借鉴沈艺峰等（2005）、曾颖和陆正飞（2006）、肖作平和曲佳莉（2013）等的研究，构建式（5-6）对假设 H1 进行检验：

$$COE = \beta_0 + \beta_1 Big + \beta_2 SOE + \beta_3 Size + \beta_4 LEV + \beta_5 BETA + \beta_6 MB +$$
$$\beta_7 Growth + \beta_8 ROA + \beta_9 Turnover + \beta_{10} Top1 + \beta_{11} Liquid +$$

$$\beta_{12}OP + \sum \beta \times IND + \sum \beta \times Year + \varepsilon \tag{5-6}$$

在式（5-6）的基础上，构建式（5-7）和式（5-8）对假设 H2 和假设 H3 进行检验：

$$COE = \beta_0 + \beta_1 SP + \beta_2 Big + \beta_3 SOE + \beta_4 Size + \beta_5 LEV + \beta_6 BETA + \beta_7 MB +$$
$$\beta_8 Growth + \beta_9 ROA + \beta_{10} Turnover + \beta_{11} Top1 + \beta_{12} Liquid + \beta_{13} OP +$$
$$\sum \beta \times IND + \sum \beta \times Year + \varepsilon \tag{5-7}$$

$$COE = \beta_0 + \beta_1 OF + \beta_2 SOE + \beta_3 Size + \beta_4 LEV + \beta_5 BETA + \beta_6 MB +$$
$$\beta_7 Growth + \beta_8 ROA + \beta_9 Turnover + \beta_{10} Top1 + \beta_{11} Liquid +$$
$$\beta_{12} OP + \sum \beta \times IND + \sum \beta \times Year + \varepsilon \tag{5-8}$$

为了检验假设 H4，在上述模型基础上构建式（5-9）：

$$COE = \beta_0 + \beta_1 SP + \beta_2 Big + \beta_3 SOE + \beta_4 Size + \beta_5 LEV + \beta_6 BETA + \beta_7 MB +$$
$$\beta_8 Growth + \beta_9 ROA + \beta_{10} Turnover + \beta_{11} Top1 + \beta_{12} Liquid + \beta_{13} OP +$$
$$\sum \beta \times IND + \sum \beta \times Year + \varepsilon \tag{5-9}$$

第三节　实证检验结果

一、描述性统计及相关系数分析

表 5-2 为变量的描述性统计。从表 5-2 可以看出，权益资本成本（COE）的均值为 0.250，中位数为 0.080，最大值为 0.540，最小值为 0.010，标准差为 0.083，样本值的分布比较离散，均值大于中位数，总体呈现向右拖尾的现象；从事务所规模指标来看，由国际四大审计师事务所审计的客户比例占大概 12% 左右，十大事务所审计的客户占大约 54% 的比例，国内十大审计师审计的客户占大约 62% 的比例；从行业专长指标来看，由行业专长审计师审计的客户占大约 19% 的比例。从审计师组织形式 OF 来看，转制后的样本点占大约 45% 的比例。审计师任期 Tenure 均值为 5.38 年，与中位数 5 相差不大，基本符合正态分布的形态。

表5-2　变量描述性统计

变量	样本规模	均值	中位数	最大值	最小值	标准差
COE	15430	0.250	0.080	0.540	0.010	0.083
Big4	16635	0.120	1	1	0	0.270
Big10	16635	0.540	0	1	0	0.500
DBig10	16635	0.620	1	1	0	0.500
SP	16635	0.190	1	1	0	0.380
OF	16635	0.450	0	1	0	0.490
Tenure	16635	5.380	5	23	1	2.890
SOE	16635	0.650	0	1	0	0.490
Size	16635	23.45	21.86	29.79	18.39	1.260
LEV	16635	0.470	0.480	0.940	0.050	0.200
BETA	16635	1.570	1.570	2.600	0.500	0.340
MB	16635	0.850	0.800	2.370	0.560	0.480
Growth	16635	0.560	0.340	3.780	−0.600	0.340
ROA	16635	0.0700	0.0500	0.480	−0.340	0.070
Turnover	16635	0.980	0.800	3.570	0.090	0.680
Top1	16635	0.480	0.530	0.890	0.170	0.620
Liquid	16635	0.180	0.040	0.450	0	0.060
OP	16635	0.040	1	1	0	0.460

表5-3为变量的相关系数表，由于解释变量和部分控制变量为虚拟变量，本书只列示了变量之间的spearman相关系数。从被解释变量和解释变量之间的相关系数来看，权益资本成本COE与国际四大审计师Big4之间负相关，相关系数为−0.1310，且在1%的水平上显著，符合本文的预期，与十大Big10呈现负相关关系，但不显著；权益资本成本COE与审计行业专长SP之间负相关，相关系数为−0.0560，且两者在1%的水平上显著，符合本书的预期。从被解释变量与控制变量之间的相关系数看，均呈现显著相关的关系，且大部分在1%的水平上显著，表明控制变量的设置基本是合理的。从解释变量与控制变量以及控制变量之间的相关系数看，除了企业规模Size与资产负债率LEV之间的相关系数达到0.5673外，其他均低于0.5，进一步结合后续回归分析中的方差膨胀因子（均值为1.42，最大值为2.51），本书基本排除了多重共线性对回归结果的不利影响。

表 5-3　变量相关系数

变量	COE	Big4	Big10	SP	OF	Tenure	SOE	Size	LEV	BETA	MB	Growth	ROA	Turnover	Top1	Liquid	OP
COE	1																
Big4	-0.1310***	1															
Big10	-0.02103	0.2596***	1														
SP	-0.0560***	0.0467*	0.3837***	1													
OF	-0.2357***	-0.0997***	0.3676***	0.3040***	1												
Tenure	-0.0003	0.1450***	-0.1577***	-0.0132	-0.0062	1											
SOE	0.0564***	0.1606***	0.0473***	0.0061	-0.0051	0.0621***	1										
Size	0.3228***	0.3671***	0.1274***	0.1423***	0.0947***	0.1428***	0.4137***	1									
LEV	0.1140***	0.1308***	0.0300*	-0.0035	-0.0727***	0.0663***	0.3141***	0.5673***	1								
BETA	0.1575***	-0.0728***	-0.0434***	-0.0242*	0.0644***	0.0228*	0.0612***	0.0457***	0.0752***	1							
MB	0.6426***	0.1762***	0.0497***	0.0872***	0.1741***	-0.0151	0.1735***	0.4938***	0.3219***	0.154***	1						
Growth	-0.1642***	-0.0115	0.0037	-0.0107	-0.0421***	-0.0483***	-0.0325**	0.0580***	0.0569***	-0.0860***	-0.1009***	1					
ROA	-0.0731***	0.0273*	0.0200	-0.0097	-0.0310**	-0.0471***	-0.1677***	-0.1514***	-0.4824***	-0.1746***	-0.3800***	0.2537***	1				
Turnover	-0.0622***	0.0287*	0.0401***	-0.0306**	-0.0274*	-0.0423***	0.0553***	-0.0240*	0.0910***	-0.0374***	-0.0956***	0.1636***	0.1328***	1			
Top1	0.0744***	0.1555***	0.0746***	0.0427***	0.0214	-0.0530***	0.2361***	0.3145***	0.0687***	-0.0248*	0.1972***	0.0420***	0.0621***	0.0624***	1		
Liquid	-0.3570***	-0.2483***	-0.0836***	-0.1079***	-0.2719***	-0.1921***	-0.2173***	-0.4812***	-0.1518***	0.2628***	-0.1924***	0.0051	-0.0615***	-0.0434***	-0.1546***	1	
OP	-0.0313*	-0.0207*	-0.0320	-0.0184	-0.0172	-0.0272**	0.0001	-0.0597***	0.0584***	-0.0327	-0.0417***	-0.0518***	-0.0968***	-0.0412***	-0.0321***	0.042***	1

注：***，**，*分别表示在 1%，5%，10%的水平上显著。

二、单变量分析

表5-4是对权益资本成本COE分别在国际四大审计师和非国际四大审计师、十大和非十大、国内十大审计师和国内非十大审计师、行业专长和非行业专长、转制前和转制后之间进行的单变量分析结果。从表5-4可以看出，均值差异均显示国际四大审计师、十大、国内十大审计师、行业专长和转制后审计师审计客户的权益资本成本均低于对照组，但只有国际四大审计师和非国际四大审计师、行业专长和非行业专长、转制前和转制后审计师之间的差异是显著的，中位数差异检验则全部显著地支持了均值差异检验的结果，上述结果均符合本书假设的预期，表明大规模审计师、行业专长审计师和审计师组织形式的转制均能够降低权益资本成本。然而，权益资本成本还受到其他因素的影响，因此还有必要在控制其他影响因素的前提下进行多元回归分析。

表5-4　权益资本成本的单变量分析

变量	非四大			四大			差异检验	
	样本规模	均值	中位数	样本规模	均值	中位数	均值	中位数
COE	11698	0.0825	0.0710	3732	0.0741	0.0530	0.0093***	71.642***

变量	非十大			十大			差异检验	
	样本规模	均值	中位数	样本规模	均值	中位数	均值	中位数
COE	5694	0.0725	0.0620	9736	0.0693	0.0570	0.0027	27.621***

变量	国内非十大审计师			国内十大审计师			差异检验	
	样本规模	均值	中位数	样本规模	均值	中位数	均值	中位数
COE	7909	0.0781	0.0640	7521	0.0729	0.0530	0.0008	10.731***

变量	非行业专长			行业专长			差异检验	
	样本规模	均值	中位数	样本规模	均值	中位数	均值	中位数
COE	10824	0.0769	0.0620	4606	0.0681	0.0510	0.0062**	51.000***

变量	转制前			转制后			差异检验	
	样本规模	均值	中位数	样本规模	均值	中位数	均值	中位数
COE	9710	0.0823	0.0690	5720	0.0610	0.0520	0.0137***	436.921***

注：***、**、*分别表示在1%、5%、10%的水平上显著。

三、普通回归分析

1. 事务所规模与权益资本成本

为了检验假设 H1，本书根据式（5-6）进行回归分析。回归结果如表 5-5 所示。在报告年度，审计师工作尚未结束，有些只是刚刚作出审计师的聘任决策，或者只是进行了预审，此时市场只接收到了企业选择何种特征审计师的决策，只能通过审计师特征传递的信号作出投资决策。回归 1 和回归 2 分别是国际四大审计师与非四大、国际四大审计师与国内十大审计师之间的对比分析回归结果，回归系数分别为 -0.032 和 -0.021，且均在 1% 的水平上显著，表明市场通过国际四大审计师事务所的特征，接收到了其能够提供高质量审计服务从而降低信息风险或者是国际四大审计师具有更强保险能力从而弥补未来投资损失的信号，进而降低了权益资本成本。回归 3 为十大和非十大之间对比分析的回归结果，将国际四大审计师和国内六大混合在一起之后，回归系数降为 -0.005，且不再显著，表明国内六大和国际四大审计师在信号传递方面确实存在差异，而且国际六大占据了主导作用，因此本书进一步在回归 4 中对国内十大审计师和国内非十大审计师进行对比回归分析，结果发现其系数仍然为 -0.005，t 值进一步降低，表明国内大规模事务所在信号传递方面与国内小规模事务所之间没有明显差异，既没有传递高质量审计服务的信号，也没能传递较强的保险能力的信号。

表 5-5　当期事务所规模与权益资本成本的多元回归结果

变量	回归 1	回归 2	回归 3	回归 4
Big4	-0.032 *** （-5.21）	-0.021 *** （-3.69）		
Big10			-0.005 （-1.72）	
DBig10				-0.005 （-1.46）
SOE	-0.020 *** （-6.50）	-0.017 *** （-4.93）	-0.021 *** （-6.55）	-0.023 *** （-6.78）
Size	0.023 *** （7.37）	0.015 *** （6.49）	0.021 *** （7.21）	0.017 *** （8.07）

续表

变量	回归1	回归2	回归3	回归4
LEV	−0.027***	−0.030**	−0.028**	−0.060***
	(−2.80)	(−2.63)	(−2.53)	(−3.61)
BETA	0.031***	0.036***	0.034***	0.050***
	(7.93)	(6.25)	(7.99)	(7.76)
MB	0.063***	0.055***	0.083***	0.047***
	(12.63)	(8.57)	(11.82)	(10.92)
Growth	−0.108***	−0.017***	−0.018***	−0.016***
	(−9.91)	(−8.59)	(−9.72)	(−9.06)
ROA	−0.0104***	−0.109***	−0.101***	−0.105***
	(−4.61)	(−3.89)	(−4.75)	(−4.83)
Turnover	−0.00400	0.00300	−0.00300	0
	(−0.37)	(0.49)	(−0.40)	(−0.37)
Top1	−0.017***	−0.019**	−0.021***	−0.023**
	(−2.95)	(−2.63)	(−2.99)	(−2.51)
LIQUID	−0.190***	−0.0730	−0.181***	−0.172**
	(−2.93)	(−0.83)	(−3.20)	(−2.85)
OP	0.037**	0.041**	0.029**	0.039**
	(2.81)	(2.74)	(2.91)	(2.84)
截距	−0.217***	−0.065**	−0.200***	−0.163***
	(−5.72)	(−2.61)	(−4.91)	(−4.88)
行业年度	控制	控制	控制	控制
样本规模	10360	7471	10360	7533
调整后的 R^2	0.372	0.278	0.315	0.269

注：***、**、*分别表示在1%、5%、10%的水平上显著；括弧内为t值。

为了考察审计师选择对权益资本成本影响的长期效应并检验审计师不同功能对权益资本成本影响的差异，本书还对事务所规模变量滞后一期进行了回归分析，回归结果如表5-6所示。回归1和回归2分别是国际四大审计师和非国际四大审计师之间、国际四大审计师和国内十大审计师之间的对比分析回归结果，滞后一期国际四大审计师 Big4 的系数分别为−0.027和−0.031，且均在1%的水平上显著，正如理论分析中所表明的，国际四大审计师由于在人力资本方面的投入，以及防止国内审计风险波及整个网络内的事务所，提供了高质量的审计服务，其发布审计报告后投资者获得了更可靠的财务信息，信息风险得到降低，或者是国际四大审计师向市场传递了其更强的保险能力的信号，从而使得投资者要求的回报率下降，因而雇用国际四大审计师事务所的公司权益资本成本要低于非国际四大审计师，甚至低于国内十大审计师。回归3是将国际四大审计师和国内六大混合在一起作为十大与非十大之间的对比分析回归结果，尽管回归系数的水平下降为−0.006，但仍然在5%的水平上显著，表明十大事务所同样提供了高于非十大事务所质量的审计服务，或者是十大事务所传递了更强的保险能力的信号，从而降低了权益资本成本。回归系数水平的降低，表明国际四大审计师和国内六大事务所在信息功能或者是保险功能的信号传递方面还是存在较大差别。回归4为国内十大审计师和国内非十大审计师之间对比分析的回归结果，滞后一期国内十大审计师的系数为−0.007，且在5%的水平上显著，表明近年来国内事务所做大做强战略提高了国内大规模事务所的审计服务质量，降低了投资者的信息风险，因而降低了权益资本成本，然而正如理论分析中表明的，上述结果也可能是事务所规模特征传递了其较高的保险能力的信号所导致的，结合表5-6的结果可以排除信号传递功能的影响，因为在财务报告期间国内十大审计师未能传递出保险能力较强的信号，在下一期更不可能传递出这种信号。

表 5-6　滞后一期事务所规模与权益资本成本的回归结果

变量	(1) 回归 1	(2) 回归 2	(3) 回归 3	(4) 回归 4
L. Big4	−0.027 *** (−4.57)	−0.031 *** (−3.83)		
L. Big10			−0.006 ** (−2.73)	
L. DBig10				−0.007 ** (−2.81)
SOE	−0.030 *** (−6.72)	−0.012 *** (−4.69)	−0.020 *** (−6.15)	−0.019 *** (−6.02)
Size	0.007 *** (5.25)	0.008 *** (4.73)	0.006 *** (4.68)	0.009 *** (5.61)
LEV	−0.0200 (−1.81)	−0.0190 (−1.92)	−0.00900 (−1.60)	−0.034 ** (−2.72)

变量	（1） 回归 1	（2） 回归 2	（3） 回归 3	（4） 回归 4
BETA	0.042 *** （7.81）	0.037 *** （6.31）	0.048 *** （8.26）	0.051 *** （7.83）
MB	0.052 *** （10.62）	0.049 *** （8.36）	0.057 *** （10.83）	0.048 *** （10.20）
Growth	−0.027 *** （−9.78）	−0.029 *** （−8.61）	−0.030 *** （−9.52）	−0.026 *** （−9.21）
ROA	−0.158 *** （−5.61）	−0.144 *** （−4.73）	−0.138 *** （−5.62）	−0.147 *** （−5.50）
Turnover	0 （−0.36）	0.00300 （0.74）	0 （−0.29）	0 （−0.23）
Top1	−0.027 ** （−2.88）	−0.022 ** （−2.49）	−0.019 ** （−2.76）	−0.017 ** （−2.23）
LIQUID	−0.162 ** （−2.73）	−0.0710 （−0.91）	−0.193 *** （−2.82）	−0.182 ** （−2.82）
OP	0.042 ** （2.23）	0.045 ** （2.18）	0.042 ** （2.31）	0.038 ** （2.39）
截距	0.00600 （0.23）	−0.107 *** （−3.41）	0.0340 （0.98）	−0.0260 （−0.73）
行业年度	控制	控制	控制	控制
样本规模	9873	6370	9873	7593
调整后的 R^2	0.278	0.281	0.267	0.293

注：***、**、*分别表示在1%、5%、10%的水平上显著；括弧内为 t 值。

2. 审计行业专长与权益资本成本

为了检验假设 H2，笔者根据式（5-7）进行了回归分析，回归结果如表5-7所示。回归 1 和回归 2 是行业专长分别以类别变量和连续变量进行度量的回归结果，其系数分别为−0.002 和−0.036，尽管系数方向符合假设 H2 的预期，但是未通过显著性检验，假设 H2 未能得到验证，表明选择行业专长审计师未能对财务报告年度的权益资本产生影响，或者说审计师的行业专长特征未能有效传递出信息功能差异的信号。

　　为了考察行业专长审计师选择对权益资本成本的长期影响以及行业专长审计师的不同功能，本书还将行业专长变量滞后一期进行了回归分析，回归 3 和回归 4 为回归结果，滞后一期行业专长变量的回归系数为-0.006，且在 5% 的水平上显著，表明行业专长事务所确实提供了更高质量的审计服务，降低了投资者的信息风险，因而降低了权益资本成本，而且正如理论分析表明的，行业专长事务所与非行业专长事务所相比并不存在保险能力方面的差异，因而该结果的出现应当全部是由于行业专长和非行业专长审计师之间信息功能的差异导致的。

表 5-7　审计行业专长与权益资本成本的回归结果

变量	回归 1	回归 2	回归 3	回归 4
SP	-0.002 (-0.62)			
SPE		-0.036 (-1.67)		
L. SP			-0.006** (-2.48)	
L. SPE				-0.051* (-1.82)
Big4	-0.015*** (-4.67)	-0.014*** (-4.58)	-0.016*** (-4.49)	-0.015*** (-4.27)
SOE	-0.030*** (-6.57)	-0.030*** (-6.35)	-0.030*** (-6.31)	-0.030*** (-6.40)
Size	0.009*** (7.75)	0.009*** (7.83)	0.007*** (5.58)	0.007*** (5.57)
LEV	-0.027*** (-2.82)	-0.027*** (-2.89)	-0.018* (-1.92)	-0.018* (-1.95)
BETA	0.041*** (7.84)	0.041*** (7.84)	0.038*** (7.90)	0.038*** (7.92)
MB	0.047*** (11.36)	0.047*** (11.38)	0.047*** (10.59)	0.047*** (10.57)
Growth	-0.031*** (-9.76)	-0.031*** (-9.78)	-0.038*** (-9.68)	-0.038*** (-9.67)
ROA	-0.097*** (-4.67)	-0.099*** (-4.93)	-0.170*** (-5.82)	-0.163*** (-5.78)

续表

变量	回归1	回归2	回归3	回归4
Turnover	−0.00200	−0.00200	0	0
	(−0.40)	(−0.40)	(−0.32)	(−0.38)
Top1	−0.029 ***	−0.029 ***	−0.029 **	−0.029 **
	(−2.90)	(−2.87)	(−2.67)	(−2.67)
LIQUID	−0.230 ***	−0.190 ***	−0.162 **	−0.167 ***
	(−2.91)	(−3.07)	(−2.71)	(−2.83)
OP	0.044 **	0.044 **	0.052 **	0.052 **
	(2.67)	(2.67)	(2.40)	(2.40)
截距	−0.145 ***	−0.163 ***	0.00400	0.00600
	(−5.72)	(−5.89)	(0.09)	(0.25)
行业年度	控制	控制	控制	控制
样本规模	10538	10538	9667	9667
调整后的 R^2	0.248	0.248	0.272	0.272

注：*** 、** 、* 分别表示在1%、5%、10%的水平上显著；括弧内为t值。

3. 审计师组织形式与权益资本成本

为了考察审计师组织形式对权益资本成本的影响，根据式（5-8）分别对2011年、2012年和2013年实施转制的审计师转制前后的权益资本成本进行了回归比较分析，回归结果如表5-8所示。从表5-8回归1中可以看出，审计师组织形式变量OF的系数为−0.075，且在1%的水平上显著，这表明，2011年实施转制的审计师转制后，被审计单位的权益资本成本发生显著下降，假设H3a得到验证，而回归2和回归3中审计师组织形式变量OF的系数均未通过显著性检验，表明后续实施转制的审计师转制后并未显著降低被审计单位的权益资本成本，假设H3b得到验证。出现上述结果的可能原因在于，第一批实施转制的审计师受到市场的强烈关注，得到投资者的认可，因而降低了期望报酬率。

表 5-8　审计师组织形式与权益资本成本的回归结果

变量	回归1	回归2	回归3
OF	−0.075 ***	−0.004	0.003
	(−6.46)	(−1.52)	(0.88)

续表

变量	回归 1	回归 2	回归 3
SOE	−0.027 ***	−0.012 ***	−0.012 ***
	(−3.92)	(−4.56)	(−4.34)
Size	0.030 ***	0.012 ***	0.011 ***
	(4.19)	(5.93)	(5.87)
LEV	−0.036 *	−0.040 ***	−0.043 **
	(−1.83)	(−2.89)	(−2.48)
BETA	0.057 ***	0.063 ***	0.036 ***
	(4.49)	(5.98)	(6.28)
MB	0.046 ***	0.046 ***	0.040 ***
	(4.23)	(6.84)	(6.98)
Growth	−0.025 ***	−0.025 ***	−0.025 ***
	(−3.62)	(−5.93)	(−6.37)
ROA	−0.134 **	−0.126 ***	−0.135 ***
	(−2.50)	(−3.49)	(−3.53)
Turnover	0.00200	0.00300	0.00400
	(0.36)	(0.85)	(1.34)
Top1	−0.00400	−0.037 **	−0.037 ***
	(−0.45)	(−2.67)	(−2.89)
LIQUID	−0.156	−0.0730	−0.0370
	(−1.67)	(−0.89)	(−0.36)
OP	0.0450	0.044 **	0.043 *
	(1.35)	(2.14)	(1.96)
截距	−0.0930	−0.085 **	−0.082 **
	(−1.45)	(−2.58)	(−2.45)
行业年度	控制	控制	控制
样本规模	7563	9433	9328
调整后的 R^2	0.231	0.237	0.224

注：***、**、*分别表示在1%、5%、10%的水平上显著；括弧内为 t 值。

4. 审计师任期与权益资本成本

为了考察审计师任期与权益资本成本之间的关系，根据式（5-9）进行了回归分析，回归结果如表5-9所示。回归1是未加入审计师任期二次项的回归结果，审计师任期 Tenure 的回归系数为-0.003，且在1%的水平上显著，表明随着审计任期的延长，权益资本成本随之下降。回归2是加入审计师任期二次项的回归结果，审计师任期 Tenure 的回归系数仍然为-0.003，但显著性水平下降为10%，而审计师任期二次项 Tenure2 的回归系数没有通过显著性检验，假设 H4 未通过检验。

表 5-9　审计师任期与权益资本成本的回归结果

变量	回归 1	回归 2
Tenure	-0.003 *** (-4.45)	-0.003 * (-1.82)
$Tenure^2$		0 (0.56)
SOE	-0.012 *** (-6.37)	-0.012 *** (-6.37)
Size	0.009 *** (7.58)	0.009 *** (7.58)
LEV	-0.025 ** (-2.44)	-0.025 ** (-2.45)
BETA	0.037 *** (8.46)	0.037 *** (8.47)
MB	0.048 *** (10.92)	0.048 *** (10.96)
Growth	-0.033 *** (-9.73)	-0.033 *** (-9.74)
ROA	-0.098 *** (-4.57)	-0.098 *** (-4.57)
Turnover	-0.00200 (-0.48)	-0.00200 (-0.56)

续表

变量	回归 1	回归 2
Top1	-0.032^{***}	-0.032^{***}
	(-3.47)	(-3.47)
LIQUID	-0.230^{***}	-0.231^{***}
	(-3.70)	(-3.72)
OP	0.041^{**}	0.041^{**}
	(2.63)	(2.63)
截距	-0.148^{***}	-0.148^{***}
	(-5.19)	(-5.16)
行业年度	控制	控制
样本规模	10238	10238
调整后的 R^2	0.248	0.247

注：*** 、** 、* 分别表示在 1%、5%、10%的水平上显著；括弧内为 t 值。

四、Heckman 二阶段回归

审计师选择问题研究中，审计师和企业之间选择的非随机性，即好的企业选择好的审计师，好的审计师也选择好的企业，可能会导致回归结果存在一定程度的内生性问题。因此，本书进一步控制住事务所自选择带来的内生性问题进行回归分析，以保证结果的稳健性。

Heckman 二阶段回归第二阶段回归结果如表 5-10 至表 5-12 所示。逆米尔斯比（Lambda）的具体含义与第四章相同。从逆米尔斯比的回归系数来看，表 5-10 中十大的逆米尔斯比在 1%的水平上显著，表 5-11 中十大和国内十大审计师的逆米尔斯比在 1%的水平上显著，表 5-12 中当期行业专长的逆米尔斯比在 1%水平上显著，表明确实存在一定程度的自选择问题，二阶段回归对这一问题进行了有效的控制。从主要解释变量的回归系数和显著性水平来看，显著性水平稍微有些变化，但不影响主要结论，进一步证明了本书的假设，表明本书的结论具有较高的稳健性。

表 5-10　当期审计师规模与权益资本成本的二阶段回归结果

变量	回归 1	回归 2	回归 3	回归 4
Big4	-0.035 *** (-4.83)	-0.029 *** (-3.72)		
Big10			-0.005 (-1.86)	
DBig10				-0.005 (-1.47)
SOE	-0.030 *** (-6.35)	-0.014 *** (-4.82)	-0.014 *** (-5.99)	-0.030 *** (-6.18)
Size	0.014 *** (5.67)	0.014 *** (4.83)	-0.00800 (-1.62)	0.009 *** (6.74)
LEV	-0.032 *** (-2.79)	-0.027 ** (-2.60)	0.030 * (1.84)	-0.021 * (-1.78)
BETA	0.048 *** (7.94)	0.035 *** (6.51)	0.032 *** (7.93)	0.037 *** (7.87)
MB	0.052 *** (10.99)	0.039 *** (7.96)	0.042 *** (11.54)	0.046 *** (10.93)
Growth	-0.024 *** (-9.63)	-0.027 *** (-8.43)	-0.021 *** (-9.71)	-0.021 *** (-9.37)
ROA	-0.094 *** (-4.54)	-0.141 *** (-3.87)	-0.139 *** (-4.84)	-0.147 *** (-4.52)
Turnover	0 (0.09)	0.00200 (0.81)	-0.013 *** (-2.87)	-0.00400 (-1.34)
Top1	-0.019 *** (-2.73)	-0.019 ** (-2.46)	-0.021 *** (-2.98)	-0.019 ** (-2.67)
LIQUID	-0.144 ** (-2.49)	-0.0520 (-0.62)	-0.174 *** (-2.95)	-0.176 *** (-2.80)
OP	0.027 ** (2.45)	0.036 ** (2.38)	0.029 *** (2.61)	0.030 *** (2.65)
Lambda1	0.00300 (0.73)	0.00100 (0.52)		

续表

变量	回归1	回归2	回归3	回归4
Lambda2			−0.149 *** (−2.93)	
Lambda5				−0.0590 (−1.69)
截距	−0.095 ** (−2.61)	−0.092 * (−1.85)	0.351 *** (2.78)	−0.097 ** (−2.83)
行业年度	控制	控制	控制	控制
样本规模	9897	7530	9638	9204
调整后的 R^2	0.248	0.251	0.242	0.255

注：*** 、** 、* 分别表示在 1%、5%、10%的水平上显著；括弧内为 t 值；Lambda 表示逆米尔斯比。

表 5-11　滞后一期审计师规模与权益资本成本的二阶段回归结果

变量	回归1	回归2	回归3	回归4
L. Big4	−0.009 *** (−3.67)	−0.009 *** (−3.38)		
L. Big10			−0.005 * (−1.94)	
L. DBig10				−0.005 * (−1.87)
SOE	−0.030 *** (−6.82)	−0.009 *** (−4.57)	−0.012 *** (−6.54)	−0.012 *** (−5.96)
Size	0.006 *** (2.82)	0.006 ** (2.37)	−0.007 ** (−2.43)	0.007 *** (2.98)
LEV	−0.00700 (−0.92)	−0.0320 (−1.55)	0.045 ** (2.42)	0.00500 (0.67)
BETA	0.039 *** (6.49)	0.041 *** (5.31)	0.038 *** (6.44)	0.040 *** (6.57)
MB	0.047 *** (10.91)	0.052 *** (8.96)	0.049 *** (10.87)	0.040 *** (10.31)

续表

变量	回归1	回归2	回归3	回归4
Growth	−0.033*** (−7.95)	−0.029*** (−7.86)	−0.016*** (−4.98)	−0.025*** (−7.36)
ROA	−0.092*** (−3.99)	−0.095*** (−3.40)	−0.099*** (−4.73)	−0.097*** (−4.60)
Turnover	−0.00200 (−0.83)	0 (0.28)	−0.008*** (−3.47)	−0.006** (−2.35)
Top1	−0.013* (−1.93)	−0.017* (−1.84)	−0.018** (−2.47)	−0.018** (−2.24)
LIQUID	−0.0920 (−1.61)	−0.0400 (−0.42)	−0.132** (−2.53)	−0.127** (−2.45)
OP	0.0350 (1.09)	0.0410 (1.67)	0.0350 (1.09)	0.0370 (1.24)
L. Lambda1	−0.00200 (−0.78)	−0.00400 (−0.96)		
L. Lambda2			−0.093*** (−4.57)	
L. Lambda5				−0.082*** (−3.43)
截距	−0.126** (−2.93)	−0.095* (−1.97)	0.199*** (3.42)	0.0560 (0.94)
行业年度	控制	控制	控制	控制
样本规模	8978	6738	9073	8760
调整后的 R^2	0.233	0.231	0.227	0.225

注：***、**、*分别表示在1%、5%、10%的水平上显著；括弧内为 t 值；Lambda 表示逆米尔斯比。

表5−12 审计行业专长与权益资本成本的二阶段回归结果

变量	回归1	回归2
SP	−0.004 (−1.37)	

续表

变量	回归 1	回归 2
L. SP		−0.005 * (−1.97)
Big4	−0.017 *** (−3.98)	−0.009 *** (−3.62)
SOE	−0.015 *** (−6.54)	−0.013 *** (−5.89)
Size	0.005 ** (2.76)	0.006 *** (4.37)
LEV	−0.00400 (−0.52)	−0.00500 (−0.63)
BETA	0.036 *** (7.95)	0.031 *** (5.82)
MB	0.048 *** (10.46)	0.052 *** (10.69)
Growth	−0.033 *** (−9.83)	−0.034 *** (−7.78)
ROA	−0.084 *** (−3.74)	−0.085 *** (−3.72)
Turnover	−0.00400 (−1.23)	0 (−0.36)
Top1	−0.019 *** (−3.43)	−0.014 * (−1.85)
LIQUID	−0.183 *** (−3.52)	−0.178 *** (−3.27)
OP	0.034 *** (2.73)	0.0360 (1.54)
Lambda3	−0.049 *** (−3.93)	
L. Lambda3		0.008 (1.57)

续表

变量	回归 1	回归 2
截距	−0.00200 （−0.05）	−0.097 *** （−3.66）
行业年度		
样本规模	9530	6740
调整后的 R^2	0.248	0.234

注：*** 、** 、* 分别表示在 1%、5%、10% 的水平上显著；括弧内为 t 值；Lambda 表示逆米尔斯比。

五、稳健性检验

为了保证上述研究结论的可靠性，本书还进行了如下稳健性检验：

（1）在利用剩余收益回归（GLS）计算权益资本成本过程中，根据未来两年分析师预测每股收益以及当前股价，可以利用 PEG 回归（Easton，2004）重新计算权益资本成本，PEG 回归如式（5-10）所示：

$$COE_{PEG} = \sqrt{\frac{eps_2 - eps_1}{P_0}} \qquad (5-10)$$

式中，eps_2 为分析师在 t_0 期末预测的 t_2 期的每股收益；eps_1 为分析师在 t_0 期末预测的 t_1 期的每股收益；P_0 为 t_0 期末的股价。

利用 PEG 回归计算出的权益资本成本对式（5-6）至式（5-9）重新进行回归分析，回归结果（限于篇幅未予列示）表明，除了解释变量和控制变量的显著性水平发生一定程度变化之外，本书的主要结论仍然成立，证明本书的研究结论是稳健的。

（2）对审计行业专长的计算，还采用总收入指标代替总资产指标重新计算，并对式（5-7）重新进行回归分析，回归结果（限于篇幅未予列示）表明，除了解释变量和控制变量的显著性水平发生一定程度变化之外，本书的主要结论仍然成立，证明本书的研究结论是稳健的。

第四节　研究结论

　　审计具有信息功能、保险功能和信号传递功能，信息功能主要体现在投资者根据已审计财务报告作出决策的准确度上，保险功能主要体现在投资者发生投资损失后是否能通过起诉审计师获取一定的赔偿，而信号传递主要是投资者根据被审计单位选择审计师的特征提前对财务报告的信息质量差异和保险能力差异进行了判断，并作出决策。显然，如果审计具有信号传递功能，那么会极大提高资本市场的效率，既往的研究并未关注审计的信息功能、保险功能与其功能差异的信号传递之间的区别，研究发现，审计的信息功能、保险功能与其功能差异的信号传递均能够显著降低权益资本成本，国际四大审计师会计师事务所既具有更强的信息功能和保险功能，还能够向市场传递这种功能差异的信号，从而更加显著地降低了权益资本成本，而国内十大审计师与国内非十大审计师相比仅具有较强的信息功能和保险功能，在信号传递功能方面不存在显著差异，这表明国内大规模事务所在声誉建设方面还任重道远；行业专长与非行业专长事务所相比，只具有更强的信息功能，并且显著降低了权益资本成本，在信息功能差异的信号传递方面不存在显著差异。

　　会计师事务所转制确实对权益资本成本产生了一定影响，但这种影响仅仅局限于 2011 年实施转制的事务所，2012 年和 2013 年实施转制的事务所转制前后客户的权益资本成本并不存在显著区别，表明市场对刚刚开始实施转制的事务所产生了积极的反应，而随着转制的大量实施，市场反应趋于平淡。审计师任期对权益资本成本也具有显著影响，而且从市场参与者来看，对审计任期的延长一直是积极的反应，所以审计任期的二次项并不显著，即审计任期的延长会降低权益资本成本，并未随着审计任期的进一步延长而提升。

第六章　审计师选择与投资效率

　　投资活动作为企业财务管理的核心内容，其效率的高低直接影响企业价值最大化目标的实现。然而在目前的公司治理模式中，普遍存在着利益相关者之间的代理冲突，主要包括管理者和所有者之间的代理冲突、大股东和中小股东之间的代理冲突。管理者自身利益的最大化目标并不能完全与企业价值最大化目标达成一致，因此管理者就有强烈的动机通过扭曲投资活动实现个人私利，从而降低企业的投资效率，最终损害企业价值。大股东与中小股东之间的代理冲突，使得大股东有动机通过投资活动构建"隧道效应"来实现控制权私利，从而也会降低企业的投资效率，最终损害企业价值。同时，利益相关者之间普遍存在的信息不对称为管理者和大股东通过扭曲投资活动实现个人私利和控制权私利创造了条件和机会。独立审计作为公司治理的重要制度设计，能否有效地降低利益相关方的代理冲突，缓解利益相关方的信息不对称程度，从而改善企业的投资效率，成为理论界研究和关注的重要问题。本章在深入分析企业发生非效率投资原因的基础上，研究审计师选择对非效率投资的抑制作用，为审计师选择通过提升投资效率进而提高企业价值寻找理论和实证证据。

第一节　理论分析与研究假设

　　在现代企业制度中，所有者和管理者之间（第一类代理冲突）、大股东（或控股股东）与中小股东之间的代理冲突是普遍存在的。在企业经营管理过程中，所有者的目标总是希望企业能够实现价值最大化，而管理者除了履行受托责任，实现薪酬契约外，还希望能够实现更多的个人私利目标，如工作强度和工作压力的降低、工作条件的高配置、个人权力的扩张等。其中管理者实现个人私利的一个有效手段就是投资活动。在受托责任基本完成的前提下，为了更大可能地降低工作强度和工作压力，也为了未来的业绩能够存在更大的提升空间，管理者有可能放弃那些净现值大于零、发展前景较好的项目，从而有可能导致企业出现投资不足；在受托责任未能有效达成，或者是为了个人权力的极度扩张，管理者可能会进行大量的投资活动（包括固定资产投资或者是通过合并进行投资），甚至投资于那些净现值小于零的项目，从而导致企业出现过度投资。基于上述问题的存在，所有者需要在对管理者的监督和激励措施中达到一个最优的平衡点。

在现代公司股权构成中，大股东绝对控股是普遍现象，这就出现了大股东与中小股东的代理问题。在企业经营管理过程中，大股东的目标并不总是和企业价值最大化的目标一致，大股东除了通过企业价值最大化的目标实现财富增加之外，在监督不力并存在信息不对称的情形下，更有可能通过损害中小股东的利益来实现控制权私利，如上市公司中普遍存在的"壕沟效应"。其中大股东实现控制权私利的一种重要方式也是投资活动，如大量合并一些效益低下但与大股东存在关联关系的企业，从而导致过度投资问题，或者为了通过现金股利政策实现控制权私利而放弃一些净现值大于零的项目，从而导致投资不足问题。

代理冲突的存在只是为管理者追求个人私利、大股东追求控制权私利提供了动机，所有者和管理者之间、大股东和中小股东之间的信息不对称则为动机转化为现实行动提供了条件。所有权和经营权的分离是现代企业制度的重要特征，所有者主要决定公司的经营方针和投资计划、选举董事、监事、审议批准公司的年度财务预算方案、决算方案等重大事项，而企业具体的经营管理工作则主要由职业化的经理人组成的管理层负责，所有者了解企业的主要途径就是管理者向其提供的各种信息，其中最主要的就是财务报告信息。如果管理层有动机追求个人私利并且将其转化为现实行动的话，所有者接收到的企业相关信息必然是经过粉饰的，管理层追逐个人私利产生的后果必然会得到较好的掩盖。同样，企业存在控股股东并且控股股东有动机追求控制权私利进而转化为实际行动的话，必然会通过管理层向外界发布经过粉饰的企业信息。因此，利益相关方的信息不对称为代理冲突各方追求私利提供了条件。

独立审计在现代公司治理中发挥着重要的信息功能（Dye，1993），通过发现和报告公司财务报告中存在的错报，并对财务报告出具鉴证报告（Watts and Zimmerman，1981），提升了财务报告的可靠性（Jenson and Meckling，1976）。高质量会计信息能够通过改善契约和监督，降低道德风险和逆向选择等代理冲突，从而提高公司投资效率（Bushman and Smith，2001；Healy and Palepu，2001；Biddle and Hilary，2006；Biddle et al.，2009），因此如果独立审计能够有效发挥信息功能的话，必然能够通过提高会计信息质量，降低委托代理双方的信息不对称程度，缓解委托代理双方的代理冲突，最终提升被审计单位的投资效率。同时，独立审计在提供财务报表审计过程中，还能够对经营者和控股股东投资过程中的项目风险、决策中的职能分离、投资执行中的授权、与投资有关的关联交易、投资项目的信息披露等起到一定的事后监督作用，从而在一定程度上抑制了非效率投资的发生。然而外部审计师并非是同质的，不同特征审计师的信息功能和监督功能存在较大差异，对投资效率的影响也存在差异。

审计质量的高低决定了审计师信息功能的有效发挥。审计质量是审计师发现并报告客户重大错报的联合概率，发现重大错报的概率取决于审计师的专业胜任能力，而报告客户重大错报的概率则取决于审计师的独立性（DeAngelo，1981）。从专业胜任能力的视角来看，大规模审计师能够在人力培训方面投入更多的资源，同时，大所在本行业中的声誉、地位和更高的薪酬也使之比小所更容易吸引高素质的审计人才加盟，审计师及项目组的内部交流也有助于整个审计师审计水平的提高（Francis and Yu，2009；刘笑霞和李明辉，2011），因而其员工普遍具有较高的专业胜任能力，能够以较大的概率发现和揭示客户财务报告中的错报。从独立性视角来看，大规模审计师拥有较多的客户，单个客户的准租在总准租中的比重都相对较低，因而大规模审计师相对单个客户具有较高的独立性水平（DeAngelo，1981）。故大规模审计师在发现客户财务报告中的错报并要求客户进行调整的谈判能力都比小规模审计师具有优势，因而大规模审计师已审计财务报告的信息质量要高。高质量会计信息能通过改善契约和监督，降低道德风险和逆向选择等代理冲突，最终提高公司投资效率。因此，选择大规模审计师应当能够更加显著地提升公司投资效率。同时，在财务报表审计过程中，由于较强的专业胜任能力和较高的独立性，大规模审计师能够对经营者和控股股东的投资决策过程进行更加有效的监督，从而更加有效地抑制了非效率投资的发生。在目前我国审计市场构成中，国际四大审计师历来被作为高质量审计服务供应商的代表，受到资本市场的欢迎，因此选择国际四大审计师进行审计，提升投资效率的效果应当更加显著。近年来，随着我国会计师事务所做大做强战略的实施，国内审计师规模通过合并不断扩张，特别是2013年中注协发布的会计师事务所综合评价前百家信息显示，瑞华会计师事务所首次超越安永华明会计师事务所，跃居百强榜的第三位，2014年中注协发布的百强榜则显示，瑞华和立信会计师事务所超越安永华明和毕马威华振会计师事务所，跃居百强榜的第三、第四位，事务所做大做强战略取得重大突破，因此选择国内大规模审计师也能够更加有效地提升投资效率。综合上述分析，提出如下研究假设 H1：

H1：在其他条件相同的情况下，选择大规模审计师能够提高企业的投资效率。

根据审计师规模，可以将假设 H1 细化为以下几个假设：

H1a：在其他条件相同的情况下，相对非国际四大审计师，选择国际四大审计师能够提高企业的投资效率。

H1b：在其他条件相同的情况下，相对非十大审计师，选择十大能够提高企业的投资效率。

H1c：在其他条件相同的情况下，相对国内十大审计师，选择国际四大审计师能够提高企业的投资效率。

H1d：在其他条件相同的情况下，相对国内非十大审计师，选择国内十大审计师能够提高企业的投资效率。

从理论上来讲，行业专长审计师也能够通过提供高质量的审计服务发挥更强的信息功能和监督功能，从而改善被审计单位的投资效率。一方面，行业专长审计师拥有行业特殊知识和专业技能的员工，这些员工通常只为特定行业的客户提供服务，因而在识别并解决与行业有关的问题时非常熟练（O'Keefe et al.，1994；Owhoso et al.，2002），能够有效地识别被审计单位财务报告中的错报。同时，行业专长审计师持续在人员培训、技术方法和内部管理控制方面进行专门投资（Simunic and Stein，1987；Gul et al.，2009），一旦发生审计失败，行业专长审计师将会承担大量的投资损失。因而行业专长审计师能够提供更高质量的审计服务，由行业专长审计师审计的财务报告的信息质量要高于非行业专长审计师审计的财务报告的信息质量。另一方面，行业专长审计师对特定行业的投资风险、投资决策流程、投资的效率和效果具有专门的知识，能够有效发现经营者和控股股东在投资决策过程中的舞弊行为和不合规行为，从而起到更加有效的监督功能。正是由于行业专长审计师较强的信息功能和监督功能，必将更加有效的缓解被审计单位的代理冲突，降低委托代理双方的信息不对称程度，从而改善被审计单位的投资效率。根据上述分析，提出如下研究假设 H2：

H2：在其他条件相同的情况下，相对非行业专长审计师，选择行业专长审计师能够提高企业的投资效率。

根据前述章节的分析，从理论上来看，审计师组织形式的改变会影响审计师的法律责任和法律风险（原红旗和李海建，2003；Firth et al.，2012；刘行健和王开田，2014；阎雪生，2018），进而改变审计师在财务报表审计中的行为，具体来说，会促使审计师在执业中更加详尽地了解被审计单位的环境，评价被审计单位的内部控制，制订更加具有针对性的审计计划，进一步扩大控制测试和实质性测试的范围（李江涛等，2013），更加稳健地出具审计报告，从而提升审计质量，在有效应对组织形式改变带来的法律责任和法律风险的同时，提升了被审计单位财务报告信息的可靠性。即审计师组织形式的改变提升了审计的信息功能，信息功能的提升进一步改善了契约和监督，降低了道德风险和逆向选择等代理冲突，从而提高公司投资效率（Bushman and Smith，2001；Healy and Palepu，2001；Biddle and Hilary，2006；Biddle et al.，2008），因而根据理论分析，审计师组织形式的改变应该改善了被审计单位的投资效率。然而，考虑到中国当前低法律诉讼风险的现实法治环境（刘启亮等，2013；姜涛和尚鼎，2020），审计师理论上法律责任和法律风险的加大转化为现实的法律责任和法律风险的概率还是比较低的。因此，会计师事务所转制能否真正影响注册会计师的审计行为，进而提升会计信息质量，最终提高被审计单位的投资效率是一个经验性命题。基于上述分析，提出备择假设 H3：

H3：在其他条件相同的情形下，相对于转制前，会计师事务所转制为特殊普通合伙制后能够提高企业的投资效率。

审计师任期对投资效率的影响也可以从两个方面进行分析，一方面，随着审计任期的延长，审计师对客户的行业和经营特点、运作流程和会计规则会越来越熟悉，从而越能发现被审计单位投资决策中的重大错报和舞弊，即审计任期的延长提升了审计师的专业胜任能力，从而提高了审计质量，审计的信息功能和监督功能得到更加有效的发挥，从而改善了被审计单位的投资效率。另一方面，随着审计师任期的延长，审计师与客户之间的关系越来越密切，这可能导致审计师独立性逐渐丧失，损害了审计师信息功能的发挥，更加重要的是，随着独立性的丧失，对客户在投资决策中的舞弊行为越来越难以发挥监督的功能。根据上述理论分析，在审计师任期开始增加的初期，审计任期的延长有助于审计信息功能和监督功能的发挥，因而能够改善契约和监督，降低道德风险和逆向选择等代理冲突，最终提高公司投资效率；但审计任期达到一定程度后，随着审计师和客户之间关系达到一定密切程度，审计师的独立性水平急剧下降，审计的信息功能特别是监督功能必然会受到损害，从而无法对投资效率的改善起到应有的作用。根据上述分析，提出研究假设 H4：

H4：在其他条件相同的情形下，审计师任期与非效率投资之间呈"U"型关系。

第二节　研究设计

一、样本选择与数据来源

本章选取 2007~2020 年我国 A 股上市公司为研究样本，并按照以下标准对样本进行了筛选：

（1）由于金融保险类上市公司的资本结构、经营业务和财务数据与其他行业的上市公司相比具有典型的行业特征，将其放在样本中会对分析结果造成干扰，故剔除金融保险类上市公司。

（2）由于对数据的统计分析需要用到大量的财务会计和财务指标信息，因此还剔除了部分财务会计和财务指标缺失的上市公司。

（3）由于 ST 公司的财务状况极不稳定，而且面临着与其他上市公司不一样的信息披露和监管要求，与其他公司缺乏可比性，故剔除了样本期内被 ST 的上市公司。

通过上述筛选，共得到 27578 个企业年样本数据，其中 2007 年 1294 个，2008 年 1294 个，2009 年 1400 个，2010 年 1478 个，2011 年 1577 个，2012 年 1923 个，2013 年 2207 个，2014 年 2251 个，2015 年 2288 个，2016 年 2297 个，2017 年 2316 个，2018 年 2369 个，2019 年 2411 个，2020 年 2473 个。由于非效率投资的计算以及后续回归分析需要运用滞后一期的数据，因此 2007 年的数据仅作为计算非效率投资和回归分析滞后数据使用。为了降低异常值对数据统计分析的不利影响，本书对所有连续型变量分别在 1% 和 99% 位置进行了 Winsorize 缩尾处理。

上市公司财务数据全部来自国泰安（CSMAR）数据服务中心和万得（Wind）咨询金融数据库。本书的数据处理和统计分析均使用 STATA15.0 完成。

二、非效率投资的度量

非效率投资的度量一直是理论界研究的热点问题，目前常用的度量非效率投资的方式主要有投资现金流敏感性回归、现金流和投资机会交乘项回归和 Richardson 回归。

FHP（1988）首次提出了投资现金流敏感性回归，通过该回归度量企业面临的融资约束水平，研究发现投资现金流敏感性与股利支付呈负相关关系，主要原因在于面临较高融资约束的企业通过降低股利支付比例缓解面临的融资约束程度，从而导致两者之间的负相关关系。后续的大量研究利用投资现金流敏感性回归对企业的融资约束进行了研究。Vogt（1994）发现，不同特征的公司投资现金流敏感性的原因存在差异，其中当托宾 Q 的均衡水平小于 1 时，自由现金流理论能够解释投资现金流敏感性的水平，而当托宾 Q 均衡水平大于 1 时，融资约束水平能够解释投资现金流敏感性的水平，故 Vogt（1994）运用投资现金流与托宾 Q 之间交乘项的系数符号来判断企业过度投资或投资不足出现的原因。然而投资现金流敏感性回归与现金流和投资机会交乘项回归只能从总体上对样本的投资不足和过度投资进行判断，无法计算出每一家公司每一年度的非效率投资水平，因此上述回归的应用受到了很大的局限。

为了解决上述回归的局限，Richardson（2006）创造性地提出了非效率投资的度量回归，通过选择影响企业投资水平的相关变量，运用大样本回归方法，将得到的回归残差作为企业非效率投资水平的度量，大于零的残差即为过度投资，残差的具体数值作为过度投资水平的度量，小于零的残差即为投资不足，将残差的绝对值作为投资不足水平的度量。该回归的最大优点在于能够计算出每一家企业每一年度的非效率投资水平，为研究企业投资效率提供了有力的工具。该回归一提出即在理论界得到广泛应用。

鉴于 Richardson 回归在非效率投资度量上的优势，本书选择该回归对企业的投资效率进行计算。具体回归见式（6-1）。

$$\text{INV}_{i,\,t} = \beta_0 + \beta_1 \text{TQ}_{i,\,t-1} + \beta_2 \text{LEV}_{i,\,t-1} + \beta_3 \text{Cash}_{i,\,t-1} + \beta_4 \text{Age}_{i,\,t-1} + \beta_5 \text{Size}_{i,\,t-1} +$$
$$\beta_6 \text{RET}_{i,\,t-1} + \beta_7 \text{INV}_{i,\,t-1} + \sum \text{IND} + \sum \text{Year} + \varepsilon_{i,\,t} \tag{6-1}$$

式中，$\text{INV}_{i,\,t}$ 为被解释变量，表示 i 企业第 t 年的投资水平，为固定资产、在建工程、无形资产和长期投资的增加额，为了消除不同企业规模因素的影响，将其除以企业总资产最终作为该年度的投资水平。$TQ_{i,t-1}$ 为 i 企业第 t-1 年的成长机会，利用托宾 Q 表示，具体计算方法为股权市值加净债务市值，然后除以总资产表示，其中非流通股市值用净资产表示。$LEV_{i,t-1}$ 为 i 企业第 t-1 年的资产负债率水平，以总负债除以总资产表示。$Cash_{i,t-1}$ 为 i 企业第 t-1 年的现金持有水平，以货币资金除以总资产表示。$Age_{i,t-1}$ 为 i 企业第 t-1 年的年龄，以公司上市年限的自然对数表示。$Size_{i,t-1}$ 为 i 企业第 t-1 年的规模，以总资产的自然对数表示。$RET_{i,t-1}$ 为 i 企业第 t-1 年度考虑现金红利再投资的年回报率。$INV_{i,t-1}$ 为 i 企业第 t-1 年的投资水平。IND 为行业虚拟变量，行业按照中国证监会 2001 年颁布的《上市公司行业分类指引》进行分类，除制造业企业采取两位代码分类外，其他行业企业均采用一位代码分类。Year 为年度虚拟变量。

使用样本数据对式（6-1）进行回归分析，得到残差 $\varepsilon_{i,t}$，取其绝对值作为非效率投资水平的总体度量，用 INE_INV 表示，当 $\varepsilon_{i,t} > 0$ 时为过度投资，用 Over_INV 表示，当 $\varepsilon_{i,t} < 0$ 时为投资不足，为了便于比较分析，取其绝对值作为投资不足的度量，用 Under_INV 表示。

三、模型设定及变量定义

1. 模型设定

借鉴雷光勇等（2014）、方红星和金玉娜（2013）等的研究，本章构建式（6-2）对研究假设 H1 进行实证检验：

$$INE\_INV_{i,t} = \beta_0 + \beta_1 Big_{i,t} + \beta_2 TQ_{i,t-1} + \beta_3 INV_{i,t-1} + \beta_4 Size_{i,t} + \beta_5 LEV_{i,t} +$$
$$\beta_6 Age_{i,t} + \beta_7 Check_{i,t} + \beta_8 CFO_{i,t} + \beta_9 Occupy_{i,t} + \sum \beta \times IND +$$
$$\sum \beta \times Year + \varepsilon_{i,t} \tag{6-2}$$

式（6-2）的被解释变量为非效率投资 INE_INV，还可以将其替换为过度投资 Over_INV 或投资不足 Under_INV，以分别检验审计师选择对总体非效率投资、过度投资和投资不足的影响。同时，通过将解释变量 Big 分别替换为 Big4、Big10 和 DBig10，再通过对样本进行控制，可以分别检验国际四大审计师和非国际四大审计师、十大和非十大、国际四大审计师和国内十大审计师、国内十大审计师和国内非十大审计师之间审计师选择对投资效率的影响。

同样借鉴上述研究，构建式（6-3）、式（6-4）对假设 H2 和假设 H3 进行实证检验：

$$INE\_INV_{i,\,t} = \beta_0 + \beta_1 SP_{i,\,t} + \beta_2 TQ_{i,\,t-1} + \beta_3 INV_{i,\,t-1} + \beta_4 Size_{i,\,t} + \beta_5 LEV_{i,\,t} +$$
$$\beta_6 Age_{i,\,t} + \beta_7 Check_{i,\,t} + \beta_8 CFO_{i,\,t} + \beta_9 Occupy_{i,\,t} + \sum \beta \times IND +$$
$$\sum \beta \times Year + \varepsilon_{i,\,t} \qquad (6\text{-}3)$$

$$INE\_INV_{i,\,t} = \beta_0 + \beta_1 OF_{i,\,t} + \beta_2 TQ_{i,\,t-1} + \beta_3 INV_{i,\,t-1} + \beta_4 Size_{i,\,t} + \beta_5 LEV_{i,\,t} +$$
$$\beta_6 Age_{i,\,t} + \beta_7 Check_{i,\,t} + \beta_8 CFO_{i,\,t} + \beta_9 Occupy_{i,\,t} + \sum \beta \times IND +$$
$$\sum \beta \times Year + \varepsilon_{i,\,t} \qquad (6\text{-}4)$$

式（6-3）中的解释变量为审计行业专长 SP，式（6-4）中的解释变量为审计师组织形式 OF。

为了检验假设 H4，构建式（6-5）：

$$INE\_INV_{i,\,t} = \beta_0 + \beta_1 Tenure_{i,\,t} + \beta_2 Tenure_{i,\,t}^2 + \beta_3 TQ_{i,\,t-1} + \beta_4 INV_{i,\,t-1} +$$
$$\beta_5 Size_{i,\,t} + \beta_6 LEV_{i,\,t} + \beta_7 Age_{i,\,t} + \beta_8 Check_{i,\,t} + \beta_9 CFO_{i,\,t} +$$
$$\beta_{10} Occupy_{i,\,t} + \sum \beta \times IND + \sum \beta \times Year + \varepsilon_{i,\,t} \qquad (6\text{-}5)$$

式（6-5）中的解释变量为审计师任期 Tenure，为了检验审计师任期与非效率投资之间的非线性关系，在式（6-5）中加入了审计师任期变量的二次项 $Tenure^2$。

2. 变量定义

本书的被解释变量为非效率投资，即根据本书第六章第二节第二部分所述的 Richardson（2006）模型计算出来的非效率投资水平。

本书的解释变量分别为审计师规模、审计行业专长、审计师组织形式和审计师任期。审计师规模主要根据中国注册会计师协会每年公布的会计师事务所综合评价前百家信息进行分类，根据研究需要，本书将审计师按照排名分别划分为国际四大审计师和非国际四大审计师（Big4）、十大和非十大（Big10，将国际四大审计师和国内事务所混合在一起进行划分）、国内十大审计师和国内非十大审计师（DBig10，将国际四大审计师剔除）。行业专长借鉴 Zeff 和 Fossum（1967）的计算方法，采用特定审计师在某一行业中的客户数值占全部审计师在该行业的客户数值来衡量审计师行业专长，具体如式（6-6）所示：

$$MS_{ik} = \sum_{i=1}^{J_{ik}} \sqrt{ASSETS_{ijk}} \Big/ \sum_{i=1}^{I_k} \sum_{j=1}^{J_{ik}} \sqrt{ASSETS_{ijk}} \qquad (6\text{-}6)$$

式（6-6）中，MS_{ik} 为 i 审计师在 k 行业中的市场份额；$\sum\limits_{i=1}^{J_{ik}} \sqrt{ASSETS_{ijk}}$ 代表 i

审计师所在 k 行业以某一指标计算的客户数值之和，该客户数值为总资产平方根之和；$\sum\limits_{i=1}^{I_k}\sum\limits_{j=1}^{J_{ik}}\sqrt{\overline{ASSETS_{ijk}}}$ 代表 k 行业全部客户数值之和。借鉴蔡春和鲜文铎（2007）的做法，当行业市场份额大于 10% 时定义为行业专长事务所，SP 取 1，否则 SP 取 0。

审计师组织形式主要是根据 2010 年以来由政府推动的会计师事务所特殊普通合伙制转制情况进行划分，对每一家事务所设置转制虚拟变量，转制前记为 0，转制后记为 1。审计师任期主要是采用会计师事务所任期的方法进行计算，其中事务所发生合并的，将被合并事务所客户的审计师任期在合并后的事务所中连续计算。

控制变量主要选取如下可能影响非效率投资的公司特征因素：

滞后一期的投资机会 TQ：投资机会是影响企业投资的重要因素，大量的研究对投资机会与投资效率之间的关系进行了研究，朱松和夏冬林（2010）、赵瑞（2013）和陈艳（2013）等均发现投资机会会影响企业的投资效率，投资机会越多的企业越容易出现过渡性的非效率投资，而且投资机会对投资效率的影响具有一定的滞后性，因此，本书选择滞后一期的托宾 Q（以 TQ 表示）作为投资机会的代理变量在模型中进行控制。

滞后一期的投资水平（INV）：企业投资具有一定的连贯性，上一期的投资水平会对企业本期的投资产生重要影响，因此本书将企业滞后一期的投资水平作为控制变量放入模型中。

企业规模（Size）：企业规模越大，拥有或者控制的资源越多，抵押能力越强，融资能力也越强，从而为投资筹集资金的能力越强，筹集资金的渠道也比较广泛。在已有的研究投资效率的文献中，几乎全部将公司规模作为控制变量放入模型中，因此本书也对此加以控制。

资产负债率（LEV）：在公司治理中，负债也具有较强的治理效应（李世辉和雷新途，2008；唐松等，2009），能够缓解所有者和管理者之间的代理冲突，从而能够对企业投资效率产生影响。同时，负债水平还会通过直接影响企业的自由现金流从而对企业投资效率产生影响。因此，本书将资产负债率加入模型进行控制。

企业年龄（Age）：由于学习效应的存在，企业投资效率会随着企业经营时间的延长和投资经验的不断积累而逐步改善，因此企业年龄会对企业的投资效率产生一定影响，本书在模型中对此加以控制。

股权制衡度（Check）：股权制衡度反映了大股东与其他股东之间的代理冲

突程度，而大股东与其他股东之间的代理冲突会导致大股东通过管理层影响企业投资的方式实现其个人私利，因此股权制衡度会对企业的投资效率产生影响，本书在模型中对此加以控制。

经营活动现金流量（CFO）：经营活动现金流量的丰裕程度会影响企业的投资决策（Richardson，2006），管理层可能会通过过度投资的方式实现个人私利，因此本书在模型中加以控制。

大股东占款（Occupy）：大股东占款一方面反映了企业内部存在的代理冲突，从而会对企业的投资效率产生影响；另一方面可能会影响企业可供投资的资金规模，从而也会对其投资效率产生影响，因此本书在模型中对大股东占款进行控制。具体变量说明如表6-1所示。

表6-1　变量说明

变量	变量代码	变量名称	变量含义
被解释变量	INE_INV	非效率投资	式（6-1）的回归残差的绝对值
	Over_INV	过度投资	式（6-1）大于零的回归残差
	Under_INV	投资不足	式（6-1）小于零的回归残差的绝对值
解释变量	Big	事务所规模	虚拟变量，根据中注协事务所综合评价信息划分，大规模事务所取1，否则取0
	SP	审计行业专长	虚拟变量，按照Zeff和Fossum（1967）的计算方法，份额超过10%时取1，否则取0
	OF	审计师组织形式	虚拟变量，按照审计师是否转制为特殊普通合伙划分，转制后取1，转制前取0
	Tenure	审计师任期	会计师事务所服务某一客户的年限
控制变量	TQ	增长机会	以托宾Q作为代理变量
	INV	投资规模	固定资产、在建工程、无形资产和长期投资的增加额
	Size	企业规模	总资产的自然对数
	LEV	资产负债率	总负债除以总资产
	Age	企业年龄	企业上市年限的自然对数
	Check	股权制衡度	第一大股东与第二大股东的持股比例之比
	CFO	经营活动现金流量	经营活动现金流量除以总资产
	Occupy	大股东占款	其他应收款除以总资产
	IND	行业虚拟变量	属于某一行业时取1，否则取0
	Year	年度虚拟变量	属于某一年度时取1，否则取0

第三节　实证检验与结果分析

一、描述性统计

表 6-2 为变量的描述性统计分析结果。从表 6-2 可以看出，在全部非效率投资样本中，投资不足的样本点占到了约 3/5，表明在中国资本市场中，非效率投资的主要表现形式为投资不足。从非效率投资、过度投资和投资不足变量的描述性统计数值来看，均基本符合或非常接近正态分布的特征。从国际四大审计师、十大和国内十大审计师指标来看，以客户数量衡量的市场规模方面，分别占到了 7%、40% 和 44% 的比例。从行业专长指标来看，行业专长审计师的市场占有率约为 29%。从审计师组织形式来看，转制后的样本点占整个样本规模的 17% 左右。审计任期的最大值为 23 年，最小值为 1 年，均值为 7.69 年，中位数为 7 年，基本符合正态分布的特征。

表 6-2　描述性统计

变量	样本规模	最大值	最小值	均值	中位数	标准差
INE_INV	17342	0.260	0	0.0400	0.0200	0.0500
Over_INV	7083	0.260	0	0.0500	0.0300	0.0600
Under_INV	10259	0.260	0	0.0300	0.0200	0.0400
Big4	21138	1	0	0.0700	0	0.250
Big10	21138	1	0	0.400	0	0.490
DBig10	21138	1	0	0.440	0	0.500
SP	21138	1	0	0.290	0	0.450
OF	21138	1	0	0.170	0	0.380
Tenure	21138	23	1	7.690	7	5.370
TQA	21138	8.800	0.870	2.080	1.630	1.360

续表

变量	样本规模	最大值	最小值	均值	中位数	标准差
INV	21138	0.310	−0.230	0.0300	0.0100	0.0700
Size	21138	26.19	19.66	22.24	22.08	1.300
LEV	21138	0.940	0.0600	0.450	0.450	0.210
L.Age	21138	3.370	1.390	2.740	2.830	0.490
Check	21138	120.2	1.010	11.02	4.020	19.03
CFO	21138	0.250	−0.170	0.0500	0.0500	0.0700
Occupy	21138	0.170	0	0.0200	0.0100	0.0300

资料来源：笔者整理。

二、相关系数分析

表6-3为变量之间相关系数分析的结果。首先，从解释变量和被解释变量之间的关系来看，非效率投资 INE_INV 与国际四大审计师 Big4 之间的相关系数为−0.018，且在10%的水平上显著，支持了本书假设 H1a；非效率投资 INE_INV 与十大 Big10 之间的相关系数为−0.012，且在5%的水平上显著，符合本书假设 H1b 的预期。非效率投资 INE_INV 与行业专长 SP 之间的相关系数为−0.017，且在10%的水平上显著，支持了本书假设 H2。非效率投资 INE_INV 与组织形式 OF 之间的相关系数为−0.032，且在1%的水平上显著，支持了本书假设 H3。非效率投资 INE_INV 与审计师任期 Tenure 之间的相关系数为−0.047，且在1%的水平上显著，但相关系数分析并不能反映出两者之间的非线性关系，因此两者之间更精确的关系还需要进行多元回归分析。

其次，从被解释变量与控制变量之间的关系来看，除股权制衡度 Check、大股东占款 Occupy 和经营活动现金流量 CFO 在5%的水平上相关，其他变量均在1%的水平上高度相关，这表明，对上述控制变量进行控制是非常有必要的。

最后，从解释变量与控制变量以及控制变量与控制变量之间的相关系数来看，变量之间相关系数的值均未超过0.5，表明本书的解释变量与控制变量之间不存在严重的多重共线性问题，或者说本书基本排除了多重共线性问题对后续回归结果的不利影响。

表6-3　相关系数

变量	INE_INV	Big4	Big10	SP	OF	Tenure	TQA	INV	size	LEV	Age	Check	CFO	Occupy
INE_INV	1													
Big4	-0.018*	1												
Big10	-0.012**	0.33***	1											
SP	-0.017*	-0.049***	0.19***	1										
OF	-0.032***	0.10***	-0.25***	0.073***	1									
Tenure	-0.047***	-0.044***	-0.12***	-0.013	0.12***	1								
TQA	0.031***	-0.11***	-0.025***	0.0050	-0.026**	-0.039***	1							
INV	0.29***	0.016*	0.011	0.014*	0.020**	-0.038**	-0.10***	1						
Size	-0.046***	0.37***	0.15***	0.035***	0.027***	0.038	-0.46***	0.11***	1					
LEV	0.053***	0.10***	0.037	-0.041***	-0.054***	-0.0061	-0.25***	-0.018**	0.43***	1				
LAge	0.029***	0.079***	-0.017*	-0.076***	-0.11***	0.15***	-0.018**	-0.13***	0.22***	0.32***	1			
Check	0.016**	0.0040	-0.00094	-0.0050	-0.042***	-0.0079	-0.057***	-0.046***	0.057***	0.094***	0.16***	1		
CFO	0.021**	0.078***	0.053***	0.028***	0.020**	0.033	0.038	0.073***	0.055***	-0.16***	-0.047***	0.0021	1	
Occupy	0.021**	-0.0060	0.0016	-0.023***	-0.028***	-0.013	0.054***	-0.15***	-0.010	0.19***	0.10***	-0.013	-0.11***	1

注：***、**、*分别表示在1%、5%、10%的水平上显著。

三、单变量分析

表 6-4 为非效率投资 INE-INV、过度投资 Over_INV、投资不足 Under_INV 在非国际四大审计师与国际四大审计师之间、非十大与十大之间、非行业专长与行业专长之间、非特殊普通合伙与特殊普通合伙之间单变量分析的结果。从表 6-4 可以看出,非国际四大审计师与国际四大审计师之间,非效率投资和投资不足的均值差异是显著的,差异的方向也符合本书假设 H1a 的预期,中位数差异检验均不显著,未能支持本书假设 H1a。非十大与十大之间无论是非效率投资,还是过度投资抑或是投资不足,其均值差异和中位数差异均未通过显著性检验,未能支持本书的假设 H1b。非行业专长和行业专长之间,非效率投资和投资不足的均值差异是显著的,差异的方向也符合本书假设 H2 的预期,但中位数差异检验均不显著,未能支持本书假设 H2。非特殊普通合伙与特殊普通合伙之间的均值差异和中位数差异均通过了显著性检验,支持了本书假设 H3,且差异的方向也符合本书假设 H3 的预期。

然而,非效率投资还受到其他因素的影响,为了获得审计师选择与非效率投资之间的真实关系,还有必要在控制其他因素的前提下进行多元回归分析。

表 6-4　非效率投资的单变量分析

变量	非四大审计师			国际四大审计师			差异检验	
	样本规模	均值	中位数	样本规模	均值	中位数	均值	中位数
INE_INV	16104	0.040	0.025	1238	0.037	0.024	0.003 ***	0.348
Over_INV	6581	0.049	0.028	502	0.045	0.024	0.004	3.084
Under_INV	9523	0.034	0.023	736	0.031	0.024	0.003 **	0.478

变量	非十大审计师			十大审计师			差异检验	
	样本规模	均值	中位数	样本规模	均值	中位数	均值	中位数
INE_INV	10379	0.040	0.025	6963	0.039	0.025	0.001	0.029
Over_INV	4245	0.050	0.027	2838	0.048	0.027	0.002	0.008
Under_INV	6134	0.034	0.023	4125	0.033	0.024	0.001	0.207

变量	非行业专长			行业专长			差异检验	
	样本规模	均值	中位数	样本规模	均值	中位数	均值	中位数
INE_INV	12402	0.041	0.025	4940	0.039	0.025	0.002 **	0.028

变量	非行业专长			行业专长			差异检验	
	样本规模	均值	中位数	样本规模	均值	中位数	均值	中位数
Over_INV	5041	0.049	0.027	2042	0.048	0.028	0.002	0.104
Under_INV	7361	0.034	0.023	2898	0.032	-0.023	0.002 ***	0.003

变量	非特殊普通合伙			特殊普通合伙			差异检验	
	样本规模	均值	中位数	样本规模	均值	中位数	均值	中位数
INE_INV	14249	0.041	0.025	3093	0.037	0.023	0.004 ***	17.519 ***
Over_INV	5790	0.050	0.028	1293	0.045	0.024	0.005 ***	7.131 ***
Under_INV	8459	0.034	0.024	1800	0.031	0.022	0.004 ***	10.331 ***

注：***、**、*分别表示在1%、5%、10%的水平上显著。

四、回归分析

1. 审计师规模与非效率投资

为了验证本书假设 H1，分别对国际四大审计师与非国际四大审计师、十大审计师与非十大审计师、国际四大审计师与国内十大审计师、国内十大审计师与国内非十大审计师进行了回归分析。回归结果如表 6-5 至表 6-9 所示。

表 6-5 是国际四大审计师与非国际四大审计师之间回归分析的结果。从表 6-5 可以看出，以非效率投资 INE_INV 为被解释变量的回归 1 中，国际四大审计师 Big4 的回归系数为 -0.003，在 5% 的水平上显著，以过度投资 Over_INV 为被解释变量的回归 2 中，国际四大审计师 Big4 的回归系数为 -0.011，以投资不足 Under_INV 为被解释变量的回归 3 中，国际四大审计师 Big4 的回归系数为 -0.005，且均在 1% 的水平上显著，支持了本书假设 H1a，表明国际四大审计师在提高企业的投资效率方面发挥了重要作用。为了考察选择国际四大审计师对被审计单位投资效率更长期的影响，本书还将国际四大审计师变量滞后一期进行了回归分析。以非效率投资 INE_INV 为被解释变量的回归 4 中，国际四大审计师 Big4 的回归系数为 -0.003，在 5% 的水平上显著，以过度投资 Over_INV 为被解释变量的回归 5 中，国际四大审计师 Big4 的回归系数为 -0.014，以投资不足 Under_INV 为被解释变量的回归 6 中，国际四大审计师 Big4 的回归系数为 -0.007，且均在 1% 的水平上显著，系数方向符合本书假设 H1a 的预期，表明

从长期来看，选择国际四大审计师事务所能够在一定程度上提高企业的投资效率。

表 6-5　选择国际四大审计师与非效率投资的回归分析结果

变量	回归 1	回归 2	回归 3	回归 4	回归 5	回归 6
	INE_INV	Over_INV	Under_INV	INE_INV	Over_INV	Under_INV
Big4	−0.003 **	−0.011 ***	−0.005 ***			
	(−2.25)	(−4.06)	(−3.42)			
LBig4				−0.003 **	−0.014 ***	−0.007 ***
				(−2.11)	(−5.00)	(−4.30)
LTQA	0.003 ***	0.008 ***	0.000	0.003 ***	0.008 ***	0.000
	(7.10)	(8.31)	(1.00)	(7.09)	(8.33)	(1.07)
LINV	0.048 ***	0.013	−0.037 ***	0.048 ***	0.013	−0.038 ***
	(6.71)	(1.00)	(−4.21)	(6.71)	(0.96)	(−4.24)
Size	−0.002 ***	0.003 ***	0.005 ***	−0.002 ***	0.003 ***	0.006 ***
	(−3.59)	(3.55)	(12.10)	(−3.60)	(3.80)	(12.40)
LEV	0.026 ***	0.034 ***	−0.018 ***	0.026 ***	0.034 ***	−0.018 ***
	(10.11)	(6.57)	(−6.06)	(10.11)	(6.51)	(−6.11)
LAge	−0.002 **	−0.008 ***	−0.002	−0.002 **	−0.008 ***	−0.002
	(−2.07)	(−4.27)	(−1.54)	(−2.07)	(−4.28)	(−1.57)
Check	0.000	−0.000	−0.000 *	0.000	−0.000	−0.000 **
	(0.24)	(−0.35)	(−1.94)	(0.23)	(−0.38)	(−1.98)
CFO	0.017 ***	0.027 **	−0.007	0.017 ***	0.027 **	−0.007
	(3.07)	(2.45)	(−1.06)	(3.06)	(2.49)	(−1.05)
Occupy	0.055 ***	−0.137 ***	−0.167 ***	0.055 ***	−0.137 ***	−0.167 ***
	(2.90)	(−4.57)	(−6.89)	(2.90)	(−4.56)	(−6.88)
截距	0.067 ***	0.033	−0.131 ***	0.067 ***	0.029	−0.134 ***
	(5.67)	(1.28)	(−11.35)	(5.68)	(1.12)	(−11.58)
行业年度	控制	控制	控制	控制	控制	控制
样本规模	17342	7083	10259	17342	7083	10259
调整后的 R^2	0.0734	0.0969	0.0887	0.0733	0.0979	0.0894

注：***、**、*分别表示在1%、5%、10%的水平上显著；括弧内为t值。

表 6-6 是十大审计师与非十大审计师之间回归分析的结果。以非效率投资 INE_INV 和投资不足 Under_INV 为被解释变量的回归 1 和回归 3 中，十大审计师 Big10 的回归系数均为−0.001，尽管系数方向与本书假设预期一致，但是显

著性水平未通过检验，未能支持本书假设 H1b，但从以过度投资 Over_INV 为被解释变量的回归 2 来看，十大审计师 Big10 的回归系数为-0.003，在 5% 的水平上显著，支持了本书假设 H1b，表明十大事务所能够在一定程度上抑制企业的过度投资。为了考察选择十大审计师对企业投资效率的长期影响，本书将十大变量滞后一期对非效率投资进行回归。以非效率投资 INE_INV 为被解释变量的回归 4 中和以投资不足 Under_INV 为被解释变量的回归 6 中，十大审计师 Big10 的回归系数为-0.001，尽管系数方向与本书假设预期一致，但是显著性水平未通过检验，未能支持本书假设 H1b，以过度投资 Over_INV 为被解释变量的回归 5 中，十大审计师 Big10 的回归系数为-0.004，在 1% 的水平上显著，支持了本书的研究假设 H1b，表明从长期来看，选择十大审计师，能够对被审计单位的过度投资进行有效的抑制。

表 6-6　选择十大审计师与非效率投资的回归分析结果

变量	回归 1	回归 2	回归 3	回归 4	回归 5	回归 6
	INE_INV	Over_INV	Under_INV	INE_INV	Over_INV	Under_INV
Big10	−0.001 (−1.14)	−0.003** (−2.42)	−0.001 (−1.29)			
LBig10				−0.001 (−1.55)	−0.004*** (−2.98)	−0.001 (−1.50)
LTQA	0.003*** (7.05)	0.008*** (8.24)	0.000 (0.85)	0.003*** (7.07)	0.008*** (8.27)	0.000 (0.87)
LINV	0.048*** (6.77)	0.014 (1.08)	−0.037*** (−4.13)	0.048*** (6.77)	0.015 (1.09)	−0.037*** (−4.14)
Size	−0.002*** (−4.39)	0.002*** (2.83)	0.005*** (12.07)	−0.002*** (−4.34)	0.002*** (2.89)	0.005*** (12.15)
LEV	0.026*** (10.23)	0.035*** (6.79)	−0.018*** (−5.96)	0.026*** (10.22)	0.035*** (6.77)	−0.018*** (−5.96)
LAge	−0.002** (−2.05)	−0.008*** (−4.27)	−0.002 (−1.47)	−0.002** (−2.05)	−0.008*** (−4.25)	−0.002 (−1.47)
Check	0.000 (0.30)	−0.000 (−0.22)	−0.000* (−1.87)	0.000 (0.30)	−0.000 (−0.23)	−0.000* (−1.87)
CFO	0.017*** (3.02)	0.026** (2.37)	−0.007 (−1.14)	0.017*** (3.02)	0.026** (2.37)	−0.007 (−1.16)

续表

变量	回归 1	回归 2	回归 3	回归 4	回归 5	回归 6
	INE_INV	Over_INV	Under_INV	INE_INV	Over_INV	Under_INV
Occupy	0.055 ***	−0.135 ***	−0.167 ***	0.055 ***	−0.134 ***	−0.167 ***
	(2.91)	(−4.51)	(−6.90)	(2.92)	(−4.48)	(−6.89)
截距	0.071 ***	0.047 *	−0.123 ***	0.071 ***	0.046 *	−0.123 ***
	(6.29)	(1.89)	(−11.14)	(6.27)	(1.85)	(−11.17)
行业年度	控制	控制	控制	控制	控制	控制
样本规模	17342	7083	10259	17342	7083	10259
调整后的 R^2	0.0732	0.0956	0.0880	0.0732	0.0960	0.0881

注: ***、**、* 分别表示在 1%、5%、10% 的水平上显著；括弧内为 t 值。

从表 6-5 和表 6-6 中可以看出，将国内六大事务所和国际四大审计师事务所混合在一起之后，结果的显著性发生了明显的变化，这提示我们国内大规模事务所和国际四大审计师在抑制被审计单位的非效率投资方面是否存在显著差异？为了对此进行检验，本书在国际四大审计师和国内十大审计师之间进行了回归分析，回归结果如表 6-7 所示。从表中可以看出，无论是审计师选择的当期，还是从长远来看的滞后一期，无论是以总体的非效率投资 INE_INV 为被解释变量的回归 1 和回归 4，还是以过度投资 Over_INV 抑或是以投资不足 Under_INV 为被解释变量的回归 2、回归 5 和回归 3、回归 6 中，国际四大审计师 Big4 的回归系数均通过了显著性检验，表明在国际四大审计师和国内大规模事务所之间的选择会对被审计单位的投资效率产生显著影响。这是由于国内大规模事务所在提升信息质量或者降低代理冲突方面，与国际四大审计师事务所还是存在显著差别导致的。

表 6-7　国际四大审计师与国内十大审计师之间的回归分析结果

变量	回归 1	回归 2	回归 3	回归 4	回归 5	回归 6
	INE_INV	Over_INV	Under_INV	INE_INV	Over_INV	Under_INV
Big4	−0.004 ***	−0.012 ***	−0.004 **			
	(−2.58)	(−3.79)	(−2.30)			
LBig4				−0.004 ***	−0.015 ***	−0.005 ***
				(−2.69)	(−4.73)	(−2.93)

续表

变量	回归1	回归2	回归3	回归4	回归5	回归6
	INE_INV	Over_INV	Under_INV	INE_INV	Over_INV	Under_INV
LTQA	0.003 ***	0.008 ***	−0.000	0.003 ***	0.006 ***	−0.000
	(5.62)	(5.69)	(−0.70)	(4.77)	(4.87)	(−0.31)
LINV	0.038 ***	−0.013	−0.034 ***	0.043 ***	−0.008	−0.040 ***
	(4.04)	(−0.70)	(−3.10)	(4.58)	(−0.39)	(−3.61)
Size	−0.001 *	0.003 **	0.005 ***	−0.001 **	0.002 **	0.005 ***
	(−1.96)	(2.48)	(7.74)	(−2.31)	(2.19)	(7.62)
LEV	0.030 ***	0.039 ***	−0.022 ***	0.028 ***	0.040 ***	−0.019 ***
	(8.34)	(5.13)	(−5.34)	(7.87)	(5.17)	(−4.61)
LAge	−0.001	−0.005 *	−0.002	−0.001	−0.006 **	−0.002
	(−0.48)	(−1.90)	(−1.11)	(−0.60)	(−2.16)	(−1.13)
Check	0.000	0.000	−0.000	0.000	0.000	−0.000 *
	(0.37)	(0.01)	(−1.29)	(0.93)	(0.43)	(−1.69)
CFO	0.016 **	0.023	−0.008	0.017 **	0.024	−0.011
	(2.10)	(1.59)	(−0.96)	(2.32)	(1.62)	(−1.31)
Occupy	0.033	−0.140 ***	−0.134 ***	0.040	−0.139 ***	−0.144 ***
	(1.30)	(−3.32)	(−4.30)	(1.54)	(−3.22)	(−4.51)
截距	0.082 ***	0.032	−0.137 ***	0.082 ***	0.048	−0.129 ***
	(4.86)	(0.88)	(−9.21)	(4.83)	(1.34)	(−8.47)
行业年度	控制	控制	控制	控制	控制	控制
样本规模	9534	3836	5698	9305	3741	5564
调整后的 R^2	0.0770	0.0949	0.0939	0.0773	0.0910	0.0975

注: ***、**、* 分别表示在1%、5%、10%的水平上显著; 括弧内为 t 值。

上述回归结果提醒我们进一步思考, 国内大规模事务所和国内小规模事务所是否在抑制被审计单位非效率投资方面存在显著差别? 本书进一步将国内十大审计师和国内非十大审计师进行回归分析, 回归结果如表6-8所示。从表6-8可以看出, 在审计师选择当期, 以非效率投资 INE_INV、过度投资 Over_INV 和投资不足 Under_INV 为被解释变量的回归中, 国内十大审计师 DBig10 的回归系数均为−0.000, 且均未通过显著性检验, 未能支持本书假设 H1d, 表明国内十大审计师与国内非十大审计师相比, 在抑制被审计单位非效率投资方面不存在显著差别。为了考察国内十大审计师和国内非十大审计师在抑制被审计单位非效率投资方面是否存在长期效应，本书将国际十大滞后一期进行了回归分析。在以非效率投资 INE_INV 为被解释变量的回归 4 中，国内十大审计师 DBig10 的回归系数为 −0.001，在 5% 的水平上显著，表明从长期来看，国内十大审计师相对国内非十大审计师，能够抑制被审计单位的非效率投资，支持了本书假设 H1d，但是以过度投资 Over_INV 和投资不足 Under_INV 为被解释变量的回归 5 和回归 6 中，国内十大审计师 DBig10 的回归系数均为 −0.000，与假设预期的方向一致，但均未能通过显著性检验，从长期效果来看，相对国内非十大审计师，国内十大审计师在抑制被审计单位的非效率投资方面具有边际的显著性。

表 6-8　国内十大审计师和国内非十大审计师之间的回归结果

变量	回归 1 INE_INV	回归 2 Over_INV	回归 3 Under_INV	回归 4 INE_INV	回归 5 Over_INV	回归 6 Under_INV
DBig10	−0.000 (−0.19)	−0.000 (−0.28)	−0.000 (−0.02)			
LDBig10				−0.001 ** (−1.82)	−0.000 (−0.22)	−0.000 (−0.20)
LTQA	0.003 *** (7.00)	0.008 *** (8.16)	0.000 (0.76)	0.003 *** (7.01)	0.008 *** (8.16)	0.000 (0.76)
LINV	0.048 *** (6.79)	0.015 (1.09)	−0.037 *** (−4.11)	0.049 *** (6.79)	0.015 (1.10)	−0.037 *** (−4.11)
Size	−0.002 *** (−4.61)	0.002 ** (2.53)	0.005 *** (12.10)	−0.002 *** (−4.62)	0.002 ** (2.52)	0.005 *** (12.10)
LEV	0.026 *** (10.22)	0.036 *** (6.83)	−0.018 *** (−5.94)	0.026 *** (10.23)	0.036 *** (6.82)	−0.018 *** (−5.95)
LAge	−0.002 ** (−2.01)	−0.008 *** (−4.20)	−0.002 (−1.42)	−0.002 ** (−2.01)	−0.008 *** (−4.19)	−0.002 (−1.42)
Check	0.000 (0.28)	−0.000 (−0.23)	−0.000 * (−1.89)	0.000 (0.29)	−0.000 (−0.24)	−0.000 * (−1.89)
CFO	0.017 *** (2.99)	0.025 ** (2.26)	−0.008 (−1.17)	0.017 *** (2.99)	0.025 ** (2.26)	−0.008 (−1.17)
Occupy	0.055 *** (2.89)	−0.136 *** (−4.54)	−0.168 *** (−6.91) (−1.05)	0.055 *** (2.90)	−0.136 *** (−4.54)	−0.168 *** (−6.91) (−1.05)

续表

变量	回归 1	回归 2	回归 3	回归 4	回归 5	回归 6
	INE_INV	Over_INV	Under_INV	INE_INV	Over_INV	Under_INV
截距	0.072 ***	0.052 **	−0.122 ***	0.072 ***	0.052 **	−0.122 ***
	(6.36)	(2.09)	(−11.06)	(6.38)	(2.09)	(−11.07)
行业年度	控制	控制	控制	控制	控制	控制
样本规模	17342	7083	10259	17342	7083	10259
调整后的 R^2	0.0731	0.0949	0.0879	0.0731	0.0949	0.0879

注：***、**、*分别表示在 1%、5%、10%的水平上显著；括弧内为 t 值。

2. 行业专长与非效率投资

为了检验行业专长审计师选择与投资效率之间的关系，本书在行业专长与非行业专长之间进行了回归分析，回归结果如表 6-9 所示。从表中可以看出，在审计师选择当期，无论是以非效率投资 INE_INV 为被解释变量，还是以过度投资 Over_INV，抑或是以投资不足 Under_INV 为被解释变量，行业专长 SP 的回归系数均为−0.002，均通过了显著性检验，支持了本书假设 H2，表明财务报告年度选择行业专长审计师对投资效率有显著影响。为了考察行业专长审计师选择对投资效率的长期影响，本书将行业专长 SP 滞后一期进行了回归分析。以非效率投资 INE_INV 为被解释变量的回归 4 中，行业专长 SP 的回归系数为−0.002，在 5%的水平上显著，以过度投资 Over_INV 为被解释变量的回归 5 中，行业专长 SP 的回归系数为−0.004，在 5%的水平上显著，与本书假设 H2 预期相符，表明从长期来看，选择行业专长审计师能够从总体上抑制非效率投资，并且主要是抑制了非效率投资中的过度投资。而以投资不足 Under_INV 为被解释变量的回归 6 中，行业专长 SP 的回归系数为−0.000，但未通过显著性检验，表明从长期来看，选择行业专长审计师并未有效抑制被审计单位的投资不足。

表 6-9　行业专长与非效率投资的回归分析结果

变量	回归 1	回归 2	回归 3	回归 4	回归 5	回归 6
	INE_INV	Over_INV	Under_INV	INE_INV	Over_INV	Under_INV
SP	−0.002 ***	−0.002 *	−0.002 **			
	(−2.76)	(−1.71)	(−2.45)			

续表

变量	回归 1	回归 2	回归 3	回归 4	回归 5	回归 6
	INE_INV	Over_INV	Under_INV	INE_INV	Over_INV	Under_INV
LSP				−0.002 ** (−2.48)	−0.004 ** (−2.49)	−0.000 (−0.53)
LTQA	0.003 *** (7.04)	0.008 *** (8.17)	0.000 (0.73)	0.003 *** (7.03)	0.008 *** (8.16)	0.000 (0.75)
LINV	0.049 *** (6.79)	0.015 (1.10)	−0.037 *** (−4.11)	0.048 *** (6.78)	0.015 (1.10)	−0.037 *** (−4.11)
Size	−0.002 *** (−4.47)	0.002 *** (2.64)	0.005 *** (11.97)	−0.002 *** (−4.47)	0.002 *** (2.65)	0.005 *** (12.05)
LEV	0.026 *** (10.21)	0.036 *** (6.81)	−0.018 *** (−5.93)	0.026 *** (10.22)	0.036 *** (6.80)	−0.018 *** (−5.94)
LAge	−0.002 ** (−2.21)	−0.008 *** (−4.34)	−0.001 (−1.27)	−0.002 ** (−2.18)	−0.008 *** (−4.38)	−0.001 (−1.39)
Check	0.000 (0.38)	−0.000 (−0.20)	−0.000 ** (−1.98)	0.000 (0.37)	−0.000 (−0.17)	−0.000 * (−1.91)
CFO	0.017 *** (3.00)	0.025 ** (2.28)	−0.008 (−1.17)	0.017 *** (2.99)	0.025 ** (2.28)	−0.008 (−1.17)
Occupy	0.055 *** (2.88)	−0.136 *** (−4.54)	−0.167 *** (−6.89)	0.055 *** (2.89)	−0.135 *** (−4.53)	−0.168 *** (−6.91)
截距	0.073 *** (6.44)	0.053 ** (2.10)	−0.123 *** (−11.15)	0.073 *** (6.46)	0.054 ** (2.17)	−0.122 *** (−11.10)
行业年度	控制	控制	控制	控制	控制	控制
样本规模	17342	7083	10259	17342	7083	10259
调整后的 R^2	0.0735	0.0952	0.0884	0.0734	0.0956	0.0879

注：***、**、* 分别表示在 1%、5%、10% 的水平上显著；括弧内为 t 值。

3. 审计师组织形式与投资效率

在事务所转制过程中，先是由大规模审计师实施的转制，逐步扩展到其他的事务所，因此若直接在实施转制和未实施转制的样本点之间进行回归分析，可能会受到审计师规模因素的影响，为了排除这种影响，本书采取不同年度转制审计师转制前后进行比较分析的方法，同时，为了控制行业差异和年度效应带来的干扰，本书还设置行业和年度虚拟变量进行了控制，回归结果如表6-10、表6-11和表6-12所示。

表6-10、表6-11和表6-12分别为2011年、2012年和2013年实施转制的审计师在转制前后投资效率的对比分析结果。从表6-10、表6-11和表6-12可以看出，无论是第一年实施转制的审计师，还是后续实施转制的审计师，无论是以非效率投资INE_INV作为被解释变量，还是以过度投资Over_INV，抑或是投资不足Under_INV作为被解释变量，审计师组织形式OF的回归系数均未通过显著性检验，本书假设H3未得到验证，表明审计师组织形式由非特殊普通合伙转制为特殊普通合伙后并未显著改善被审计单位的投资效率。

表6-10 2011年转制组转制前后的回归结果

变量	回归1	回归2	回归3
	INE_INV	Over_INV	Under_INV
OF	0.002	−0.011	−0.001
	(0.76)	(−1.00)	(−0.73)
LTQA	0.001	0.002	−0.001
	(0.77)	(0.99)	(−0.91)
LINV	0.086 ***	0.044	0.059 *
	(3.35)	(1.06)	(1.79)
size	−0.002	0.005 *	−0.006 ***
	(−1.10)	(1.74)	(−4.18)
LEV	0.024 ***	0.023 *	0.020 **
	(3.35)	(1.68)	(2.49)
LAge	−0.010 ***	−0.024 ***	−0.000
	(−3.05)	(−4.06)	(−0.01)
Check	0.000 *	0.000 **	0.000
	(1.91)	(2.00)	(1.04)
CFO	0.036 **	0.033	0.037 **
	(2.10)	(1.06)	(1.99)
Occupy	−0.000	−0.205 **	0.094
	(−0.00)	(−2.12)	(1.45)
截距	0.066 **	−0.030	0.148 ***
	(2.09)	(−0.56)	(4.99)

续表

变量	回归 1	回归 2	回归 3
	INE_INV	Over_INV	Under_INV
行业年度	控制	控制	控制
样本规模	1690	755	935
调整后的 R^2	0.0558	0.0863	0.0710

注：***、**、* 分别表示在 1%、5%、10% 的水平上显著；括弧内为 t 值。

表 6-11　2012 年转制组转制前后的回归结果

变量	回归 1	回归 2	回归 3
	INE_INV	Over_INV	Under_INV
OF	−0.017 (−1.62)	−0.016 (−0.92)	−0.013 (−0.90)
LTQA	−0.002 (−1.37)	−0.001 (−0.32)	0.001 (0.51)
LINV	0.061* (1.72)	0.039 (0.52)	0.015 (0.44)
Size	−0.000 (−0.15)	0.001 (0.32)	0.001 (0.71)
LEV	0.025 (1.57)	0.050 (1.41)	0.010 (0.59)
LAge	−0.002 (−0.46)	−0.015 (−1.11)	0.006 (1.24)
Check	0.000 (0.48)	−0.000 (−0.08)	0.000 (0.97)
CFO	0.018 (0.60)	−0.015 (−0.22)	0.034 (1.07)
Occupy	−0.054 (−0.82)	−0.102 (−0.66)	0.033 (0.64)
截距	0.044 (1.12)	−0.018 (−0.21)	0.010 (0.28)

续表

变量	回归 1	回归 2	回归 3
	INE_INV	Over_INV	Under_INV
行业年度	控制	控制	控制
样本规模	516	213	303
调整后的 R^2	0.0682	0.125	0.182

注：***、**、*分别表示在1%、5%、10%的水平上显著；括弧内为 t 值。

表 6-12　2013 年转制组转制前后的回归结果

变量	回归 1	回归 2	回归 3
	INE_INV	Over_INV	Under_INV
OF	−0.004 (−0.47)	−0.071 (−2.75)	−0.011 (−1.34)
LTQA	0.004 ** (2.50)	0.012 *** (2.66)	0.001 (0.41)
LINV	0.033 (1.39)	−0.028 (−0.62)	0.035 (1.20)
Size	−0.002 (−1.14)	0.001 (0.22)	−0.006 *** (−3.24)
LEV	0.021 ** (2.20)	0.049 ** (2.11)	0.010 (1.08)
LAge	0.011 *** (2.85)	0.004 (0.46)	0.008 ** (2.08)
Check	−0.000 (−1.56)	−0.000 ** (−2.12)	0.000 (0.61)
CFO	0.023 (1.21)	0.026 (0.71)	0.024 (1.08)
Occupy	0.069 (0.81)	−0.159 (−1.25)	0.241 ** (2.15)
截距	0.029 (0.65)	−0.008 (−0.08)	0.100 ** (2.52)

续表

变量	回归1	回归2	回归3
	INE_INV	Over_INV	Under_INV
行业年度	控制	控制	控制
样本规模	1342	488	854
调整后的 R^2	0.116	0.153	0.183

注：***、**、*分别表示在1%、5%、10%的水平上显著；括弧内为t值。

4. 审计师任期与投资效率

为了检验审计师任期与投资效率之间的关系，本书分别在未考虑审计师任期与投资效率之间非线性关系和考虑两者之间非线性关系的前提下进行了回归分析，回归结果如表6-13所示，其中回归1至回归3为未考虑审计师任期与非效率投资之间非线性关系的回归分析结果，回归4至回归6为考虑两者之间非线性关系的回归结果。从回归1至回归3的结果可以看出，在不考虑非线性关系的情形下，无论是以非效率投资 INE_INV 作为被解释变量的回归1，还是以过度投资 Over_INV 抑或投资不足 Under_INV 作为被解释变量的回归2和回归3，审计师任期 Tenure 的回归系数均为-0.000，且均通过了显著性检验，这表明审计师任期会对投资效率产生影响。

然而从回归4至回归5的结果可以看出，以非效率投资 INE_INV 作为被解释变量的回归4中，审计师任期 Tenure 的回归系数为-0.001，且在1%的水平上显著，表明随着审计师任期的延长，被审计单位的非效率投资水平逐步降低，审计师任期 Tenure 二次项的回归系数尽管非常小，但仍然在1%的水平上通过了显著性检验，表明被审计单位的非效率投资并不是一直随着审计师任期的增长而降低的，而是达到一定水平之后又开始上升，表明审计师任期与非效率投资之间呈现一种"U"型关系，本书假设 H4 通过检验。以投资不足 Under_INV 为被解释变量的回归6中，审计师任期 Tenure 及其二次项的回归系数和显著性水平均与回归4的结果一致，而且从 t 值来看，回归6的显著性水平更高，表明，随着审计任期的延长，被审计单位的投资不足水平逐步下降，降低到一定水平之后，投资不足的水平又逐步回升，本书假设 H4 通过检验。以过度投资 Over_INV 为被解释变量的回归5中，无论是审计师任期 Tenure 还是其二次项的回归系数均通过了显著性检验，表明审计师任期也对过度投资的水平产生影响。上述结果表明，审计师任期与非效率投资之间呈现"U"型关系。

表 6-13　审计师任期与非效率投资的回归分析结果

变量	回归 1	回归 2	回归 3	回归 4	回归 5	回归 6
	INE_INV	Over_INV	Under_INV	INE_INV	Over_INV	Under_INV
Tenure	−0. 000 *** (−4. 81)	−0. 000 ** (−2. 30)	0. 000 *** (5. 43)	−0. 001 *** (−3. 30)	−0. 002 *** (−3. 57)	−0. 001 *** (−3. 53)
Tenure2				0. 000 *** (3. 17)	0. 000 *** (3. 14)	0. 000 *** (3. 21)
LTQA	0. 003 *** (6. 83)	0. 008 *** (8. 11)	0. 000 (1. 10)	0. 003 *** (6. 79)	0. 007 *** (8. 05)	0. 000 (1. 12)
LINV	0. 048 *** (6. 76)	0. 015 (1. 12)	−0. 036 *** (−4. 00)	0. 048 *** (6. 72)	0. 015 (1. 11)	−0. 035 *** (−3. 98)
Size	−0. 002 *** (−4. 74)	0. 002 ** (2. 52)	0. 005 *** (12. 29)	−0. 002 *** (−4. 69)	0. 002 ** (2. 57)	0. 005 *** (12. 28)
LEV	0. 026 *** (10. 02)	0. 035 *** (6. 75)	−0. 017 *** (−5. 70)	0. 026 *** (9. 99)	0. 035 *** (6. 71)	−0. 017 *** (−5. 69)
LAge	−0. 001 (−1. 17)	−0. 007 *** (−3. 81)	−0. 003 ** (−2. 30)	−0. 002 ** (−2. 01)	−0. 009 *** (−4. 50)	−0. 002 * (−1. 88)
Check	0. 000 (0. 13)	−0. 000 (−0. 30)	−0. 000 * (−1. 69)	0. 000 (0. 14)	−0. 000 (−0. 25)	−0. 000 * (−1. 69)
CFO	0. 018 *** (3. 17)	0. 026 ** (2. 36)	−0. 009 (−1. 34)	0. 018 *** (3. 23)	0. 027 ** (2. 44)	−0. 009 (−1. 36)
Occupy	0. 053 *** (2. 82)	−0. 138 *** (−4. 60)	−0. 167 *** (−6. 89)	0. 054 *** (2. 86)	−0. 138 *** (−4. 60)	−0. 167 *** (−6. 91)
截距	0. 074 *** (6. 52)	0. 054 ** (2. 14)	−0. 124 *** (−11. 32)	0. 079 *** (6. 96)	0. 063 ** (2. 52)	−0. 126 *** (−11. 15)
行业年度	控制	控制	控制	控制	控制	控制
样本规模	17342	7083	10259	17342	7083	10259
调整后的 R^2	0. 0744	0. 0956	0. 0907	0. 0749	0. 0967	0. 0907

注：***、**、* 分别表示在 1%、5%、10%的水平上显著；括弧内为 t 值。

五、稳健性检验

为了保证研究结论的可靠性，本书还进行了如下稳健性检验：

（1）内生性问题。审计师选择并非随机的，大规模审计师和行业专长审计师更有可能选择本身投资效率就比较高的企业进行审计，而投资效率本身就比较高的企业为了向市场提供更可靠的会计信息和传递更积极的信号，也倾向于选择大规模审计师或者是行业专长审计师提供审计服务，审计师选择的这种非随机性可能导致回归结果存在一定程度的内生性问题，因此本书利用 Heckman 二阶段回归方法对内生问题进行控制并进行回归分析。回归结果（限于篇幅未予列示）表明，审计师规模和行业专长对投资效率的影响没有发生显著改变。

（2）改变非效率投资的计算方法。本书还利用现金流量表中的数据重新计算非效率投资的值，对上述结果重新进行回归分析，回归结果（限于篇幅未予列示）表明，上述研究结论基本未发生改变。

（3）改变行业专长的度量方法。利用总收入计算的行业专长重新进行回归分析，回归结果（限于篇幅未予列示）表明，行业专长与非效率投资之间的关系没有发生显著改变。

第四节　研究结论

不同特征审计师提供审计服务的质量是不同的，通过获取高质量的审计服务，可以降低信息不对称程度，缓解委托代理双方的代理冲突，从而降低企业投资过程中的投资不足和过度投资现象。笔者发现，选择国际四大审计师能够对非效率投资、过度投资和投资不足都具有一定的抑制作用，从滞后一期来看能够对非效率投资、过度投资和投资不足都具有一定的抑制作用，选择十大审计师则能够对过度投资具有抑制作用，而从滞后一期来看，则能够对过度投资产生抑制效果，国际四大审计师与国内十大审计师之间在抑制非效率投资方面仍存在显著区别，国内十大审计师和国内非十大审计师在抑制被审计单位非效率投资方面不存在显著差别；行业专长审计师在当期对非效率投资、过度投资和投资不足有显著影响，滞后一期中对非效率投资和过度投资有一定的抑制效果；审计师组织形式则没有对非效率投资产生显著影响；审计任期与非效率投资、过度投资、投资不足之间均呈现典型的"U"型关系。

第七章　审计师选择与企业价值

现代财务管理理论认为,财务管理的目标是企业价值最大化。然而,各利益相关方的目标并不完全与企业财务管理工作的目标一致,特别是在所有权和管理权两权分离、大股东控制等公司治理机制导致信息不对称和代理冲突普遍存在的情形下,各利益相关者可能会利用信息不对称的掩盖,追求个人私利或者控制权私利,从而偏离企业价值最大化的目标。如何修正各利益相关方的行为偏差,实现企业价值最大化成为理论界和实务界关注的重要话题,对企业价值影响因素的研究也成为理论界长盛不衰的研究内容。独立审计作为一种重要的公司治理机制,能否通过不同特征审计师的选择影响企业价值,是本章探讨的主要问题。

第一节　理论分析与研究假设

现代财务管理理论认为,企业价值最大化是财务管理的终极目标。企业价值是指预期自由现金流按照加权平均资本成本折现后的现值(王庆成,1999;周守华和杨惠敏,2000)。在现代企业制度中,由于所有权和经营权的分离以及控股股东的存在,所有者和管理者(第一类代理冲突)之间、大股东(或控股股东)与中小股东之间的代理冲突是普遍存在的。由于代理冲突的存在,代理人在行使代理权的过程中,很可能是基于自身利益而非委托人利益出发进行决策。例如,经营者在经营过程中的过度在职消费(罗宏和黄文华,2008;卢锐等,2008;马智颖等,2021)、非效率投资(马君潞等,2008)和非理性的并购(赵息和张西栓,2013)等,大股东利用关联交易等"壕沟"(余明桂等,2004;洪剑峭和薛皓,2008;黄浩等,2021)效应进行的利益输送等。代理人上述行为的发生,一方面,直接侵蚀了企业的资源(如过度的在职消费和关联交易的利益输送），降低了企业价值；另一方面，降低了企业投资决策的效率（如非效率投资和非理性的并购行为），降低了未来创造自由现金流的能力，从而损害了企业价值。公司治理理论认为，对于代理人的上述偏离企业价值最大化的行为，加强监督是一种有效的应对措施。而外部审计正是一种有效的监督机制。

财务报告信息是委托人获取代理人履行受托责任的主要信息渠道，而代理人为了掩盖自己偏离企业价值最大化的决策，必然对财务报告进行粉饰，造成委托人和代理人之间的信息不对称。从投资者的视角来看，如果其获取的某企业的财务报告信息可靠性较差，则未来面临的投资风险必然较高，从而会提高对该企业的期望报酬率，最终导致企业权益资本成本的上升，也会使企业价值降低。对于代理人粉饰财务报告的行为，外部审计的信息功能是解决这一问题的重要措施。

外部审计在现代公司治理中发挥着重要的信息功能（Dye，1993），通过发现和报告公司财务报告中存在的错报，并对财务报告出具鉴证报告（Watts and Zimmerman，1981），提升了财务报告的可靠性（Jenson and Meckling，1976）。财务报告可靠性的提升，必然降低投资者的信息风险，从而降低其期望报酬率，进而降低了企业的权益资本成本，提升了企业价值。另外，审计师在审计过程中，对关联交易的审计、对管理层凌驾于内部控制之上的关注、对合规性的关注均起到了监督的功能，从而降低了代理人（包括经营者和控股股东）追逐个人私利和控制权私利的可能，进而改善了企业的经营决策效率，提高了企业创造未来自由现金流的能力，最终提升了企业价值。

然而，审计师并非是同质的，不同特征审计师的信息功能和监督功能存在很大差别。审计发挥信息功能的关键取决于审计质量的高低。审计质量是审计师发现并报告客户重大错报的联合概率，发现重大错报的概率取决于审计师的专业胜任能力，而报告客户重大错报的概率则取决于审计师的独立性（DeAngelo，1981）。大规模审计师由于其较高的专业胜任能力和独立性（DeAngelo，1981；Francis and Yu，2009；刘笑霞和李明辉，2011；刘明辉和乔贵涛，2014），能够提供更高质量的审计服务（许建伟等，2020）。根据上述分析，大规模审计师审计的财务报告信息质量较高。而高质量会计信息能通过降低企业的权益资本成本提高企业价值，因此，选择大规模审计师应当能够更加显著地提升企业价值。同时，大规模审计师由于其较高的独立性，在对被审计单位审计过程中，能够对经营者追求个人私利、控股股东追求控制权私利的行为进行更加有效的监督，从而有助于被审计单位改进经营决策的效率，最终通过提高企业未来获取自由现金流的能力提升企业价值。在目前我国审计市场构成中，国际四大审计师作为高质量审计服务供应商的提供者，具有较高的市场声誉，因此，选择国际四大审计师进行审计，提升企业价值效果应当更加显著。近年来，随着我国会计师事务所做大做强战略的实施，国内审计师规模通过合并不断扩张，目前已经有国内大规模审计师在规模上超越了国际四大审计师，事务所做大做强战略取得重大突破，因此，选择国内大规模审计师也能够更加有效地提升企业价值。综合上述分析，笔者提出如下研究假设 H1：

H1：在其他条件相同的情况下，选择大规模审计师能够提高企业价值。

根据审计师规模，可以将假设 H1 细化为以下几个假设：

H1a：在其他条件相同的情况下，相对非国际四大审计师，选择国际四大审计师能够提高企业价值。

H1b：在其他条件相同的情况下，相对非十大审计师，选择十大能够提高企业价值。

H1c：在其他条件相同的情况下，相对国内十大审计师，选择国际四大审计师能够提高企业价值。

H1d：在其他条件相同的情况下，相对国内非十大审计师，选择国内十大审计师能够提高企业价值。

根据竞争战略理论，发展行业专长是审计师采取集中化竞争战略的一种方式（陈丽红，2010；闫焕民等，2020），通过发展行业专长，审计师可以针对客户的特殊需求提供专业化服务，以获取准租的流入，从而将自己与竞争对手区别开来（Mayhew and Wilkins，2003）。一方面，行业专长审计师是拥有行业特殊知识和专业技能的员工，这些员工通常只为特定行业的客户提供服务，因而在识别并解决与行业有关的问题时非常熟练（O'Keefe et al.，1994；Owhoso et al.，2002），能够有效地识别被审计单位财务报告中的错报。同时，由于行业专长审计师持续在人员培训、技术方法和内部管理控制方面进行了专门投资（Simunic and Stein，1987；Gul et al.，2009），一旦发生审计失败，行业专长审计师将会承担大量的投资损失。因而行业专长审计师能够提供更高质量的审计服务，由行业专长审计师审计的财务报告的信息质量要高于非行业专长审计师审计的财务报告的信息质量，行业专长审计师由于较强的信息功能，降低了投资者面临的不对称程度，从而降低了投资者的期望报酬率，因而提高了企业价值。另一方面，行业专长审计师在提供财务报表审计服务过程中，由于对经营者和控股股东较强的监督能力（对在职消费、投资决策、融资决策等的监督），降低了企业内部的代理冲突，使得代理人能够以企业价值最大化的目标进行决策，从而提高了企业价值。根据上述分析，提出如下研究假设 H2：

H2：在其他条件相同的情况下，相对非行业专长审计师，选择行业专长审计师能够提高企业价值。

从理论上来分析，审计师组织形式由有限责任制转变为特殊普通合伙制，加大了审计师的法律责任和法律风险，从而可能改变了审计师在提供财务报表审计过程中的审计行为，如提高了执业过程中的专业胜任能力和独立性、提高了应有的职业谨慎程度，同时扩大了审计测试的范围，等等，以应对法律责任和法律风险的改变，从而提升了审计服务的质量，提高了被审计单位财务报告的可靠性，进而降低了投资者面临的信息风险，降低了投资者的期望报酬率，最终降低了被投资单位的权益资本成本，从而提升了企业价值。法律责任和风险的加大，审计师需更加关注被审计单位的经营风险，以防止被审计单位的经营风险转化为自身的审计风险，因而更加注重对被审计单位融资、投资等决策中的合规性和合法性，从而起到更加有效的监督功能，提升被审计单位财务决策的效率和效果，最终提升被审计单位的企业价值。

同样，考虑到我国属于低法律诉讼风险的国家（刘启亮等，2013；姜涛和尚鼎，2020），审计师理论上法律责任和法律风险的增加是否能够在司法判决中转化为现实需要真正承担的风险还是一个值得怀疑的问题，而大量的审计师被诉案件中，承担实际赔偿责任的毕竟属于少数，同时承担赔偿责任的金额也微乎其微，从而对审计师产生了一定的误导作用。因此，会计师事务所转制能否真正影响注册会计师的审计行为，进而发挥更强的信息和监督功能，最终提高被审计单位的企业价值是一个经验性命题。基于上述分析，提出如下备择假设 H3：

H3：在其他条件相同的情形下，相对于转制前，会计师事务所转制为特殊普通合伙制后能够提高企业价值。

审计师任期对企业价值的影响也可以从两个方面进行分析。一方面，随着审计任期的延长，审计师对客户经营特点、运作流程和会计规则会越来越熟悉，从而越能发现被审计单位的重大错报和舞弊，即审计任期的延长提升了审计质量，提高了被审计单位财务报告的可靠性，降低了利益相关方的信息不对称，降低了投资者的信息风险，最终降低了企业的权益资本成本，提高了企业价值。另一方面，随着审计师任期的延长，审计师与客户之间的关系越来越密切，这可能导致审计师独立性逐渐丧失，从而损害了审计师监督功能的发挥，对经营者和控股股东追求个人私利和控制权私利的行为无法发挥有效的监督功能，从而不利于企业价值的提升。从上述分析可以看出，在审计师任期开始增加的初期，审计任期的延长有助于审计信息功能的发挥，已审计财务报告的信息质量较高，因而能够改善契约和监督，降低道德风险和逆向选择等代理冲突，最终提高企业价值，但审计任期达到一定程度后，随着审计师和客户之间关系达到一定密切程度，审计师的独立性水平急剧下降，审计的监督功能必然会受到损害，无法进一步缓解委托代理双方的代理冲突，从而无法进一步提升企业价值。根据上述分析，提出如下研究假设 H4：

H4：在其他条件相同的情形下，审计师任期与企业价值之间呈倒"U"型关系。

第二节　研究设计

一、样本选择与数据来源

本章选取 2007~2020 年我国 A 股上市公司为研究样本，并按照以下标准对样本进行了筛选：

（1）由于金融保险类上市公司的资本结构、经营业务和财务数据与其他行业的上市公司相比具有典型的行业特征，将其放在样本中会对分析结果造成干扰，故剔除金融保险类上市公司。

（2）由于对数据的统计分析需要用到大量的财务会计和财务指标信息，因此还剔除了部分财务会计和财务指标缺失的上市公司。

（3）由于 ST 公司的财务状况极不稳定，而且面临着与其他上市公司不一样的信息披露和监管要求，与其他公司缺乏可比性，故剔除了样本期内被 ST 的上市公司。

通过上述筛选，本书共得到 27578 个企业年样本数据，其中 2007 年 1294 个，2008 年 1294 个，2009 年 1400 个，2010 年 1478 个，2011 年 1577 个，2012 年 1923 个，2013 年 2207 个，2014 年 2251 个，2015 年 2288 个，2016 年 2297 个，2017 年 2316 个，2018 年 2369 个，2019 年 2411 个，2020 年 2473 个。由于

非效率投资的计算以及后续回归分析需要运用滞后一期的数据，因此 2007 年的数据仅作为计算非效率投资和回归分析滞后数据使用。为了降低异常值对数据统计分析的不利影响，本书对所有连续型变量分别在 1% 和 99% 位置进行了 Winsorize 缩尾处理。

上市公司财务数据全部来自国泰安（CSMAR）数据服务中心和万得（Wind）咨询金融数据库。本书的数据处理和统计分析均使用 STATA15.0 完成。

二、企业价值的度量

企业价值的度量是财务研究领域的热点问题，目前对企业价值度量普遍采用两种方法，一种是以会计核算收益率为基础的度量方法，如 ROA、ROE 等度量指标，另一种是以市场价值为基础的度量方法，如托宾 Q 指标。然而以会计核算收益率为基础的企业价值度量方法越来越受到理论界的质疑，主要因为以会计收益为基础的指标无法体现出企业所承受的系统风险、具有短暂的非均衡效应，且存在会计与税法数据处理的差异性（许秀梅，2015），理论界越来越多地采用以市场价值为基础的方法对企业价值进行度量，因此，本书采用托宾 Q 作为企业价值的代理变量。

托宾 Q 是企业市场价值与账面价值的比率。根据对非流通股股份市场价值计算方法的不同，市场价值的计算有两种方法，一种是将非流通股股份的市场价值用净资产表示，另一种是将非流通股股份的市场价值用流通股股份的市场价值表示，本书将这两种市场价值分别称为市值 A 和市值 B。账面价值主要是采用总资产表示，根据总资产中是否考虑无形资产和商誉的价值，账面价值可以分为包含无形资产和商誉价值的账面价值 A 和不包含无形资产和商誉价值的账面价值 B。因此，托宾 Q 的值（分别以 TQA、TQB、TQC、TQD 表示）就有以下四种结果：

TQA＝市值 A÷账面价值 A

TQB＝市值 A÷账面价值 B

TQC＝市值 B÷账面价值 A

TQD＝市值 B÷账面价值 B

笔者认为，非流通股股份的市场价值采用流通股股份的市场价值进行计算是有待商榷的，如果两者等价的话，就不会存在股权分置改革中非流通股股东对流通股股东的对价补偿了，因此，采用账面净资产来计算非流通股股份的价值更合适；账面价值包含无形资产和商誉价值的计算方法似乎更为合适，因为企业价值是面向未来的度量方法，无形资产和商誉在企业未来经营绩效中发挥着更加重要的作用。本书以 TQA 和 TQB 作为主回归中企业价值的代理变量进行回归分析，同时以 TQC 和 TQD 作为企业价值的代理变量做稳健性检验。

三、回归设定与变量定义

1. 回归设定

借鉴王鹏和周黎安（2006）、刘行和李小荣（2012）、黄蓉等（2013）等的研究，构建式（7-1）对假设 H1 进行实证检验：

$$TQ = \beta_0 + \beta_1 Big + \beta_2 Size + \beta_3 LEV + \beta_4 Growth + \beta_5 Top1 + \beta_6 SOE +$$
$$\beta_7 Occupy + \beta_8 INDE + \sum \beta \times IND + \sum \beta \times Year + \varepsilon \qquad (7-1)$$

在式（7-1）的基础上，构建式（7-2）和式（7-3）对假设 H2 和假设 H3 进行实证检验：

$$TQ = \beta_0 + \beta_1 SP + \beta_2 Size + \beta_3 LEV + \beta_4 Growth + \beta_5 Top1 + \beta_6 SOE +$$
$$\beta_7 Occupy + \beta_8 INDE + \sum \beta \times IND + \sum \beta \times Year + \varepsilon \qquad (7-2)$$

$$TQ = \beta_0 + \beta_1 OF + \beta_2 Size + \beta_3 LEV + \beta_4 Growth + \beta_5 Top1 + \beta_6 SOE +$$
$$\beta_7 Occupy + \beta_8 INDE + \sum \beta \times IND + \sum \beta \times Year + \varepsilon \qquad (7-3)$$

为了检验审计师任期对企业价值的影响，在上述回归基础上，构建式（7-4）对假设 H4 进行实证检验：

$$TQ = \beta_0 + \beta_1 Tenure + \beta_2 Tenure^2 + \beta_3 Size + \beta_4 LEV + \beta_5 Growth + \beta_6 Top1 +$$
$$\beta_7 SOE + \beta_8 Occupy + \beta_9 INDE + \sum \beta \times IND + \sum \beta \times Year + \varepsilon$$
$$(7-4)$$

2. 变量定义

本书的被解释变量为企业价值，即根据第七章第二节第二部分计算出来的托宾 Q 作为企业价值的代理变量。

本书的解释变量分别为审计师规模、审计行业专长、审计师组织形式和审计师任期。审计师规模主要根据中国注册会计师协会每年公布的会计师事务所综合评价前百家信息进行分类，根据研究需要，本书将审计师按照排名分别划分为国际四大审计师与非国际四大审计师（Big4）、十大和非十大（Big10，将国际四大审计师和国内事务所混合在一起进行划分)、国内十大审计师和国内非十大审计师（DBig10，将国际四大审计师剔除）。行业专长借鉴 Zeff 和 Fossum（1967）的计算方法，采用特定审计师在某一行业中的客户数值占全部审计师在该行业的客户数值来衡量审计师行业专长，具体计算公式如式（7-5）所示：

$$MS_{ik} = \sum_{i=1}^{J_{ik}} \sqrt{ASSETS_{ijk}} \Big/ \sum_{i=1}^{I_k} \sum_{j=1}^{J_{ik}} \sqrt{ASSETS_{ijk}} \qquad (7-5)$$

式（7-5）中，MS_{ik} 为 i 审计师在 k 行业中的市场份额；$\sum_{i=1}^{J_{ik}} \sqrt{ASSETS_{ijk}}$ 代表 i 审计师所在 k 行业以某一指标计算的客户数值之和，本书中该客户数值为总资产平方根之和；$\sum_{i=1}^{I_k} \sum_{j=1}^{J_{ik}} \sqrt{ASSETS_{ijk}}$ 代表 k 行业全部客户数值之和。借鉴蔡春和鲜文铎（2007）的做法，当行业市场份额大于 10% 时定义为行业专长事务所，SP 取 1，否则取 0。

审计师组织形式主要是根据 2010 年以来由政府推动的会计师事务所特殊普通合伙制转制情况进行划分，对每一家事务所设置转制虚拟变量，转制前记为 0，转制后记为 1。审计师任期主要是采用会计师事务所任期的方法进行计算，其中事务所发生合并的，将被合并事务所客户的审计师任期在合并后的事务所中连续计算。

控制变量主要是在借鉴王鹏和周黎安（2006）、刘行和李小荣（2012）、黄蓉等（2013）等研究的基础上，选取了如下对企业价值具有重要影响的企业特征因素：

企业规模（Size）：企业规模越大，代理冲突会越严重，信息不对称程度也会越高，因而会降低企业价值，但企业规模越大，企业可以控制的资源也越多，越能够抓住更多的投资机会，从而提升企业价值，因此，企业规模对于企业价值具有重要影响，在所有以企业价值为研究对象的文献中，几乎都控制了企业价值因素，笔者也在模型中加以控制。

资产负债率（LEV）：经典的资本结构理论认为，资本结构与企业价值无关，然而上述结论是在完美资本市场条件下推导出来的，与现实的市场条件并不完全一致。越来越多的研究发现资本结构对企业价值具有重要影响，随着资产负债率的升高，企业能够获取的税盾收益越来越大，但同时企业面临的破产风险也越来越大，企业价值呈现倒"U"型的变化趋势，故在模型中对资产负债率加以控制。

企业增长率（Growth）：企业增长率反映了企业的市场认可程度，增长率越高的企业，越能够以较快的速度实现企业价值的增长，因此，企业增长率对企业价值具有重要影响，故在模型中对企业增长率加以控制。

第一大股东持股比例（Top1）：第一大股东持股比例越高，大股东与中小股东之间的代理冲突会越严重，从而对企业价值带来负面影响，但当第一大股东持股比例增加到一定程度时，第一大股东与企业之间的利益会越来越一致化，其与中小股东之间的代理冲突又会迅速降低，因此，第一大股东持股比例反映了大股东与中小股东之间的代理冲突，对企业价值具有重要影响，故在模型中对第一大股东持股比例加以控制。

产权性质（SOE）：在我国当前的市场环境下，国有企业与民营企业的市场地位还是不可同日而语的，国有企业在融资渠道、融资条件、投资领域等方面都要比民营企业受到更多的优待，因此，相对而言，国有企业更有利于实现企业价值，然而国有企业所有者缺位带来的代理冲突要比民营企业更加严重，可能会给国有企业的价值实现带来更加负面的影响，故在模型中对产权性质加以控制。

大股东占款（Occupy）：大股东占款反映了企业大股东与中小股东之间代理冲突的程度，大股东占款水平越高的企业，大股东与中小股东之间的代理冲突越严重，对企业价值最大化目标的实现越不利，故在模型中对大股东占款情况加以控制。

独立董事比例（INDE）：独立董事制度是一种有效的公司治理机制，能够对公司管理层和大股东进行有效的监督和制约，从而缓解了所有者和管理者之间、大股东和中小股东之间的信息不对称程度、降低了双方的代理冲突，对企业价值的提升具有重要价值，独立董事比例越高的企业，独立董事越能够发挥其功能，故在模型中对独立董事比例加以控制。

第三节 实证检验与结果分析

一、描述性统计分析

本书首先对变量进行描述性统计分析，分析结果如表7-1所示。从表7-1

可以看出，TQA 的均值为 2.050，中位数为 1.620，最大值为 8.590，最小值为 0.880，而 TQB 的均值为 2.260，中位数为 1.770，最大值为 9.650，最小值为 0.910，两种度量方式还是存在一定差距的，表明采用两种度量方式进行分析还是非常有必要的。国际四大审计师 Big4 的均值为 0.0600，表明以客户数衡量的国际四大审计师市场占有率为 6% 左右，十大 Big10 的均值为 0.400，表明将国际四大审计师和国内六大混合在一起之后，市场占有率上升到了 40% 左右，说明国内大规模事务所的客户数量相对国际四大审计师要大得多。行业专长 SP 的均值为 0.300，表明行业专长事务所审计的客户占到 30% 左右的比例。事务所组织形式 OF 的均值为 0.180，表明在样本期间内，转制后的样本点占到 18% 左右的比重。审计师任期 Tenure 的均值为 7.510，中位数为 6，表明审计师任期数据分布基本符合正态分布的特征。

表 7-1　描述性统计

变量	样本规模	最大值	最小值	均值	中位数	标准差
TQA	22421	8.590	0.880	2.050	1.620	1.320
TQB	22421	9.650	0.910	2.260	1.770	1.500
Big4	22421	1	0	0.0600	0	0.250
Big10	22421	1	0	0.400	0	0.490
SP	22421	1	0	0.300	0	0.460
OF	22421	1	0	0.180	0	0.380
Tenure	22411	23	1	7.510	6	5.280
Size	22421	26.17	19.70	22.18	22.01	1.300
LEV	22421	0.930	0.0600	0.440	0.430	0.210
Growth	22421	2.910	−0.570	0.180	0.110	0.450
Top1	22421	74.82	8.530	34.94	33.07	14.91
SOE	22421	1	0	0.410	0	0.490
Occupy	22421	0.160	0	0.0200	0.0100	0.0300
INDE	22382	0.570	0.330	0.370	0.330	0.0500

资料来源：笔者整理。

二、相关系数分析

相关系数分析结果如表7-2所示。从表7-2可以看出，TQA和TQB之间的相关系数为0.96，且在1%的水平上显著，尽管描述性统计的结果显示两者存在较大的差距，但相关系数的结果表明，两者具有较高的相关性，说明两种度量方式在本质上具有较高的一致性。

从被解释变量与解释变量之间的相关系数来看，TQA与国际四大审计师Big4、十大Big10、行业专长SP、事务所组织形式OF之间的相关系数分别为-0.11、-0.027、0.0048、-0.021，除行业专长SP未通过显著性检验外，事务所组织形式OF在5%的水平上显著，其他均在1%的水平上显著，且除行业专长SP外，其他变量的系数方向与本书假设的预期相反，TQB与上述解释变量之间的相关系数也呈现出类似的特点，这表明审计师选择与企业价值之间的关系可能受到很多复杂因素的影响，仅仅通过相关系数分析很难得出两者之间的真实关系。TQA与审计师任期Tenure之间的相关系数为-0.027，在1%的水平上显著，TQB与审计师任期Tenure之间的相关系数为-0.024，且在1%的水平上显著，但是审计师任期与企业价值之间还可能存在非线性关系，因此，仅仅考察两者之间的相关系数很难得出两者之间的真实关系。

从解释变量与控制变量之间的相关系数来看，绝大多数控制变量与被解释变量均在1%的水平上高度相关，表明对这些变量进行控制还是非常合理的。从解释变量与控制变量以及控制变量之间的相关系数来看，虽然绝大多数均在1%的水平上显著相关，但其相关性水平的绝对值均低于0.5，表明变量之间不存在严重的多重共线性问题，基本排除了多重共线性问题对后续回归结果的不利影响。

三、单变量分析

本书还对被解释变量在不同规模事务所之间、行业专长与非行业专长事务所之间、特殊普通合伙与非特殊普通合伙之间进行了单变量分析，单变量分析结果如表7-3所示。从表7-3可以看出，非国际四大审计师与国际四大审计师、非行业专长与行业专长之间的均值差异均在1%的水平上是显著的，而非十大和十大、国内非十大审计师与国内十大审计师、非特殊普通合伙与特殊普通

表 7-2 相关系数

变量	TQA	TQB	Big4	Big10	SP	OF	Tenure	size	LEV	Growth	TOP1	SOE	Occupy	INDE
TQA	1													
TQB	0.96***	1												
Big4	-0.11***	-0.092***	1											
Big10	-0.027***	-0.019	0.32***	1										
SP	0.0048	0.0074	-0.042***	0.24***	1									
OF	-0.021**	-0.019	0.098***	-0.27***	0.035***	1								
Tenure	-0.027***	-0.024	-0.038***	-0.12***	-0.018*	0.12***	1							
Size	-0.44***	-0.41***	0.37***	0.14***	0.034*	0.014	0.055***	1						
LEV	-0.25***	-0.25***	0.11***	0.038***	-0.029**	-0.055***	0.014*	0.46***	1					
Growth	0.019**	0.044***	-0.020**	-0.012	-0.0063	-0.0096	-0.060***	0.036***	0.029***	1				
TOP1	-0.12***	-0.14***	0.15***	0.062***	0.033***	-0.0038	-0.094***	0.22***	0.062***	-0.00018	1			
SOE	-0.14***	-0.15***	0.14***	0.058***	-0.023**	-0.11***	0.034***	0.32***	0.29***	-0.076***	0.23***	1		
Occupy	0.024***	0.020**	0.0030	0.0075	-0.013	-0.033***	-0.0017	0.043***	0.22***	0.0012	-0.084***	0.017*	1	
INDE	0.043***	0.042***	0.024**	0.031***	0.0092	0.010	-0.012	0.019**	-0.015*	0.0049	0.044***	-0.070***	0.029***	1

注：***、**、*分别表示在1%、5%、10%的水平上显著。

合伙之间的均值差异均未通过显著性检验，国内非十大审计师与国内十大审计师、非行业专长与行业专长、非特殊普通合伙与特殊普通合伙之间的均值差异方向正好与本书的预期相同，而非国际四大审计师与国际四大审计师、非十大和十大之间的均值差异方向正好与本书的预期相反，非国际四大审计师与国际四大审计师、非十大和十大、国内非十大审计师与国内十大审计师之间的中位数差异均通过显著性检验，非特殊普通合伙与特殊普通合伙、非行业专长与行业专长之间的中位数差异均未通过显著性检验，上述结果与相关性分析中的大部分结果也是一致的，表明审计师选择与企业价值之间的关系是比较复杂的，仅仅通过简单的统计分析无法得出二者之间的真实关系。因此，非常有必要在控制其他可能影响企业价值因素的前提下进行多元回归分析。

表 7-3　企业价值的单变量分析

变量	非国际四大审计师			国际四大审计师			差异检验	
	样本规模	均值	中位数	样本规模	均值	中位数	均值差异	中位数差异
TQA	20977	2.247	1.653	1444	1.528	1.204	0.718 ***	356.437 ***
TQB	20977	2.466	1.805	1444	1.741	1.310	0.725 ***	290.004 ***

变量	非十大			十大			差异检验	
	样本规模	均值	中位数	样本规模	均值	中位数	均值差异	中位数差异
TQA	13514	2.222	1.661	8907	2.167	1.558	0.055	56.881 ***
TQB	13514	2.437	1.812	8907	2.392	1.713	0.044	45.567 ***

变量	国内非十大审计师			国内十大审计师			差异检验	
	样本规模	均值	中位数	样本规模	均值	中位数	均值差异	中位数差异
TQA	12400	2.165	1.609	10021	2.244	1.634	−0.079	2.840 *
TQB	12400	2.380	1.757	10021	2.467	1.792	−0.086	5.940 **

变量	非行业专长			行业专长			差异检验	
	样本规模	均值	中位数	样本规模	均值	中位数	均值差异	中位数差异
TQA	15746	2.124	1.613	6675	2.381	1.635	−0.257 ***	1.480
TQB	15746	2.337	1.764	6675	2.613	1.796	−0.276 ***	2.738

变量	非特殊普通合伙			特殊普通合伙			差异检验	
	样本规模	均值	中位数	样本规模	均值	中位数	均值差异	中位数差异
TQA	18396	2.189	1.624	4025	2.252	1.602	−0.063	2.498
TQB	18396	2.408	1.776	4025	2.469	1.755	−0.060	1.787

注：***、**、*分别表示在1%、5%、10%的水平上显著。

资料来源：笔者整理。

四、回归分析

1. 审计师规模与企业价值

为了检验假设 H1，本书分别对国际四大审计师与非国际四大审计师、十大与非十大、国际四大审计师与国内十大审计师、国内十大审计师与国内非十大审计师之间进行了多元回归分析。表 7-4 为国际四大审计师与非国际四大审计师之间的多元回归分析结果。从表 7-4 可以看出，以 TQA 为被解释变量的回归 1 中，规模变量 Big4 的系数为 0.391，并且在 1% 的水平上显著，以 TQB 为被解释变量的回归 2 中，规模变量的系数为 0.481，也在 1% 的水平上显著，上述结果均支持了本书的研究假设 H1a，表明选择国际四大审计师进行审计提升了企业价值。为了考察审计师选择对企业价值更加长期的影响，本书将解释变量滞后一期进行回归分析，回归 3 是以 TQA 为被解释变量的回归结果，可以看出，滞后一期规模变量 Big4 的回归系数为 0.394，仍然在 1% 的水平上显著，回归 4 是以 TQB 为被解释变量的回归结果，滞后一期规模变量 Big4 的回归系数为 0.491，也在 1% 的水平上显著，上述结果仍然支持了本书研究假设 H1a，表明选择国际四大审计师进行审计对企业价值的提升具有长期效果。

表 7-4　选择国际四大审计师与企业价值的回归结果

变量	回归 1	回归 2	回归 3	回归 4
	TQA	TQB	TQA	TQB
Big4	0.391 *** (13.03)	0.481 *** (13.82)		
LBig4			0.394 *** (11.80)	0.491 *** (12.72)
Size	−0.449 *** (−41.11)	−0.473 *** (−38.51)	−0.463 *** (−38.11)	−0.494 *** (−36.09)
LEV	−0.264 *** (−4.34)	−0.349 *** (−4.99)	−0.411 *** (−6.18)	−0.515 *** (−6.70)
Growth	0.096 *** (4.69)	0.180 *** (7.52)	0.083 *** (3.73)	0.159 *** (6.22)
TOP	−0.002 *** (−3.84)	−0.004 *** (−7.62)	−0.000 (−0.15)	−0.002 *** (−3.59)

续表

变量	回归 1	回归 2	回归 3	回归 4
	TQA	TQB	TQA	TQB
SOE	0.084 ***	0.030	0.042 **	−0.021
	（4.89）	（1.57）	（2.26）	（−1.02）
Occupy	2.821 ***	2.768 ***	2.505 ***	2.400 ***
	（7.45）	（6.47）	（6.25）	（5.27）
INDE	1.013 ***	1.079 ***	1.072 ***	1.152 ***
	（7.11）	（6.69）	（6.78）	（6.44）
截距	11.934	12.792	11.987 ***	13.129 ***
	（0.01）	（0.00）	（45.72）	（43.91）
年度行业	控制	控制	控制	控制
样本规模	22382	22382	18534	18534
调整后的 R^2	0.332	0.323	0.342	0.334

注：***、**、* 分别表示在 1%、5%、10% 的水平上显著；括弧内为 t 值。

资料来源：笔者整理。

表 7-5 为十大和非十大之间的回归分析结果。十大是将国际四大审计师和国内前六大混合在一起之后的分类。回归 1 是以 TQA 为被解释变量的回归结果，规模变量 Big10 的回归系数为 0.137，且在 1% 的水平上显著，支持了本书的研究假设 H1b；在以 TQB 为被解释变量的回归 2 中，规模变量 Big10 的回归系数为 0.170，且在 1% 的水平上显著，也支持了本书的研究假设 H1b。为了考察审计师选择对企业价值的长期影响，本书还将审计师规模变量滞后一期进行回归分析，回归 3 是以 TQA 为被解释变量的回归结果，规模变量 Big10 的系数为 0.151，在 1% 的水平上显著，回归 4 是以 TQB 为被解释变量的回归结果，规模变量的系数为 0.188，也在 1% 的水平上显著，支持了本书的研究假设 H1b。但是从规模变量 Big10 的系数大小来看，与表 7-5 中规模变量 Big4 的系数存在较大差距，这表明将国际四大审计师和国内六大混合在一起之后可能会掩盖了两者在提升企业价值方面存在的较大差异，因此本书单独将国际四大审计师和国内十大审计师进行了回归分析。

表7-5　选择十大审计师与企业价值的回归结果

变量	回归1	回归2	回归3	回归4
	TQA	TQB	TQA	TQB
Big10	0.137 ***	0.170 ***		
	(8.91)	(9.62)		
LBig10			0.151 ***	0.188 ***
			(8.81)	(9.52)
Size	−0.426 ***	−0.445 ***	−0.441 ***	−0.466 ***
	(−41.92)	(−38.89)	(−39.10)	(−36.68)
LEV	−0.294 ***	−0.386 ***	−0.444 ***	−0.556 ***
	(−4.87)	(−5.54)	(−6.72)	(−7.28)
Growth	0.091 ***	0.174 ***	0.076 ***	0.152 ***
	(4.40)	(7.21)	(3.43)	(5.87)
TOP	−0.002 ***	−0.004 ***	0.000	−0.002 ***
	(−3.31)	(−7.04)	(0.37)	(−3.02)
SOE	0.081 ***	0.027	0.040 **	−0.024
	(4.71)	(1.39)	(2.14)	(−1.15)
Occupy	2.813 ***	2.758 ***	2.493 ***	2.385 ***
	(7.40)	(6.42)	(6.21)	(5.23)
INDE	1.015 ***	1.082 ***	1.058 ***	1.134 ***
	(7.10)	(6.68)	(6.66)	(6.32)
截距	11.444	12.190	11.554 ***	12.589 ***
	(0.00)	(0.01)	(46.80)	(44.53)
年度行业	控制	控制	控制	控制
样本规模	22382	22382	18534	18534
调整后的 R^2	0.330	0.321	0.341	0.332

注：***、**、* 分别表示在1%、5%、10%的水平上显著；括弧内为 t 值。
资料来源：笔者整理。

表7-6为国际四大审计师和国内十大审计师之间的回归分析结果。回归1是以 TQA 为被解释变量的回归结果，规模变量 Big4 的回归系数为 0.438，在1%的水平上显著，支持了本书的研究假设 H1c，回归2是以 TQB 为被解释变量的回归结果，规模变量 Big4 的回归系数为 0.543，在1%的水平上显著，也支持

了本书的研究假设 H1c。同样为了考察审计师选择对企业价值的长期效应，还将规模变量 Big4 滞后一期进行了回归分析。回归 3 是以 TQA 为被解释变量的回归结果，规模变量 Big4 的回归系数为 0.454，在 1% 的水平上显著，回归 4 是以 TQB 为被解释变量的回归结果，规模变量 Big4 的回归系数为 0.569，在 1% 的水平上显著，仍然支持了本书的研究假设 H1c。然而从回归系数的大小来看，选择国际四大审计师比国内十大审计师在提升企业价值方面的效果要大得多，且结合表 7-5 的回归结果，本书合理怀疑国内十大审计师与国内非十大审计师在提升企业价值方面是否存在差别，因此，本书还对国内十大审计师与国内非十大审计师之间进行了回归分析。

表 7-6　国际四大审计师与国内十大审计师之间的回归结果

变量	回归 1	回归 2	回归 3	回归 4
	TQA	TQB	TQA	TQB
Big4	0.438 ***	0.543 ***		
	(12.36)	(13.37)		
LBig4			0.454 ***	0.569 ***
			(11.16)	(12.20)
Size	−0.439 ***	−0.474 ***	−0.453 ***	−0.495 ***
	(−30.26)	(−29.08)	(−27.11)	(−26.37)
LEV	−0.251 ***	−0.287 ***	−0.382 ***	−0.422 ***
	(−3.11)	(−3.07)	(−4.16)	(−3.95)
Growth	0.092 ***	0.166 ***	0.081 ***	0.155 ***
	(3.42)	(5.19)	(2.69)	(4.29)
TOP	−0.001 **	−0.004 ***	0.000	−0.002 **
	(−2.28)	(−5.02)	(0.30)	(−2.35)
SOE	0.043 *	−0.003	−0.006	−0.061 **
	(1.88)	(−0.11)	(−0.25)	(−2.13)
Occupy	3.107 ***	3.018 ***	2.652 ***	2.431 ***
	(6.37)	(5.45)	(5.14)	(4.15)
INDE	1.052 ***	1.064 ***	1.153 ***	1.133 ***
	(5.72)	(5.06)	(5.47)	(4.71)
截距	11.845 ***	13.023 ***	12.289 ***	13.692 ***
	(26.20)	(26.46)	(22.53)	(22.96)

续表

变量	回归 1	回归 2	回归 3	回归 4
	TQA	TQB	TQA	TQB
年度行业	控制	控制	控制	控制
样本规模	12377	12377	9856	9856
调整后的 R^2	0.334	0.323	0.340	0.329

注：***、**、*分别表示在 1%、5%、10%的水平上显著；括弧内为 t 值。

资料来源：笔者整理。

表 7-7 为国内十大审计师与国内非十大审计师之间回归分析的结果。回归 1 是以 TQA 为被解释变量的回归结果，规模变量 DBig10 的回归系数为 0.035，在 1%的水平上显著，支持了本书的研究假设 H1d。回归 2 是以 TQB 为被解释变量的回归结果，规模变量 DBig10 的回归系数为 0.039，在 1%的水平上显著，也支持了本书的研究假设 H1d。为了进一步考察审计师选择对企业价值的长期影响，本书还将规模变量 DBig10 滞后一期进行了回归分析，回归 3 是以 TQA 为被解释变量的回归结果，规模变量的系数为 0.041，在 1%的水平上显著，回归 4 是以 TQB 为被解释变量的回归结果，规模变量 DBig10 的回归系数为 0.045，在 1%的水平上显著，上述结果仍然支持了本书的研究假设 H1d。但是从回归系数的大小来看，国内十大审计师在提升企业价值的效果方面，与国际四大审计师仍然存在较大差距，这提示国内事务所要思考如何更好地改进审计服务，以最大限度地提升客户价值，同时缩小自身与国际四大审计师的差距。

表 7-7　国内十大审计师与国内非十大审计师之间的回归结果

变量	回归 1	回归 2	回归 3	回归 4
	TQA	TQB	TQA	TQB
DBig10	0.035 *** (2.95)	0.039 *** (2.77)		
LDBig10			0.041 *** (3.04)	0.045 *** (2.88)
Size	−0.370 *** (−49.68)	−0.383 *** (−44.92)	−0.385 *** (−46.58)	−0.403 *** (−42.68)

变量	回归 1	回归 2	回归 3	回归 4
	TQA	TQB	TQA	TQB
LEV	−0.434 ***	−0.566 ***	−0.562 ***	−0.715 ***
	(−9.65)	(−10.79)	(−11.33)	(−12.35)
Growth	0.138 ***	0.258 ***	0.130 ***	0.246 ***
	(6.76)	(10.71)	(5.76)	(9.22)
TOP	−0.002 ***	−0.004 ***	0.000	−0.002 ***
	(−3.62)	(−7.66)	(0.21)	(−3.47)
SOE	0.078 ***	0.034 **	0.042 ***	−0.010
	(5.54)	(2.11)	(2.75)	(−0.57)
Occupy	2.359 ***	2.434 ***	2.103 ***	2.083 ***
	(6.94)	(6.18)	(5.76)	(4.94)
INDE	0.842 ***	0.919 ***	0.879 ***	0.969 ***
	(6.73)	(6.39)	(6.36)	(6.11)
截距	10.325	10.962	10.509 ***	11.411 ***
	(.)	(0.01)	(53.10)	(49.28)
年度行业	控制	控制	控制	控制
样本规模	22382	22382	18534	18534
调整后的 R^2	0.367	0.354	0.380	0.367

注：***、**、* 分别表示在 1%、5%、10% 的水平上显著；括弧内为 t 值。

资料来源：笔者整理。

2. 审计师行业专长与企业价值

为了考察选择行业专长审计师对企业价值的影响，本书对行业专长与非行业专长审计师进行了回归分析，回归结果如表 7-8 所示。回归 1 是以 TQA 为被解释变量的回归结果，行业专长变量 SP 的回归系数为 −0.001，回归 2 是以 TQB 为被解释变量的回归结果，行业专长变量 SP 的回归系数为 −0.014，系数方向不符合本书研究假设 H2 的预期，且均未通过显著性检验。为了进一步考察选择行业专长审计师对企业价值的长期效应，本书还对行业专长变量 SP 滞后一期进行了回归分析，回归 3 是以 TQA 为被解释变量的回归结果，行业专长变量 SP 的回归系数为 0.024，回归 4 是以 TQB 为被解释变量的回归结果，行业专长 SP 变量的回归系数为 0.014，系数方向符合本书研究假设 H2 的预期，但均未通过显著性检验，未能支持本书的研究假设 H2，这表明选择行业专长审计师并不能提高企业价值。

表 7-8 行业专长与企业价值的回归结果

变量	回归 1	回归 2	回归 3	回归 4
	TQA	TQB	TQA	TQB
SP	−0.001 (−0.05)	−0.014 (−0.76)		
LSP			0.024 (1.26)	0.014 (0.63)
Size	−0.418 *** (−41.44)	−0.435 *** (−38.25)	−0.433 *** (−38.60)	−0.456 *** (−36.04)
LEV	−0.307 *** (−5.07)	−0.402 *** (−5.77)	−0.455 *** (−6.86)	−0.570 *** (−7.45)
Growth	0.089 *** (4.32)	0.172 *** (7.12)	0.074 *** (3.32)	0.148 *** (5.74)
TOP1	−0.002 *** (−3.06)	−0.004 *** (−6.74)	0.000 (0.54)	−0.002 *** (−2.80)
SOE	0.084 *** (4.87)	0.030 (1.54)	0.044 ** (2.35)	−0.020 (−0.94)
Occupy	2.853 *** (7.49)	2.805 *** (6.52)	2.559 *** (6.34)	2.467 *** (5.38)
INDE	1.051 *** (7.34)	1.125 *** (6.95)	1.109 *** (6.98)	1.197 *** (6.66)
截距	11.315 (0.00)	12.030 (0.01)	11.367 *** (46.21)	12.363 *** (43.76)
年度行业	控制	控制	控制	控制
样本规模	22382	22382	18534	18534
调整后的 R^2	0.328	0.318	0.338	0.328

注：***、**、* 分别表示在 1%、5%、10%的水平上显著；括弧内为 t 值。
资料来源：笔者整理。

3. 审计师组织形式与企业价值

在事务所转制实施过程中，最先开始实施的是大规模事务所，因此，如果直接在实施转制和未实施转制的事务所之间考察不同审计师组织形式的选择对企业价值的影响，那么可能会受到规模因素的干扰，本书为了避免上述问题，采取了对实施转制事务所转制前后对企业价值影响的比较分析，同时，为了避免时间差异和行业差异效应的影响，本书还对行业和年度进行了控制，回归结果如表7-9所示。回归1和回归2是2011年实施转制的审计师转制前后的回归分析结果，回归1以TQA为被解释变量，审计师组织形式变量OF的系数为0.604，在1%的水平上显著，回归2以TQB为被解释变量，审计师组织形式变量OF的系数为0.521，在1%的水平上显著，本书的假设H3a得到验证，上述结果表明，2011年实施转制的审计师，在转制后，其提供审计服务企业的价值相对其转制前有显著提升，表明审计师转制向市场传递了积极的信号，投资者对该信号做出了反应。回归3和回归4为2012年实施转制的审计师转制前后的回归分析结果，系数的方向符合本书假设的预期，但未通过显著性检验，回归5和回归6为2013年实施转制的审计师转制前后的回归分析结果，系数的方向符合本书假设的预期，但未通过显著性检验，本书的假设H3b未能通过检验，正如理论分析中表明，随着事务所转制的实施，市场对该信息的反应逐步趋于平淡，而且该政策是政府强制推进实施的，审计师没有选择的余地，最后全部审计师都会转变为特殊普通合伙事务所，因而市场对审计师组织形式选择的区分效应不再有所期待，故2012年和2013年实施转制前后对企业价值的影响不再有显著区别。

表7-9　审计师组织形式与企业价值的回归结果

变量	回归1	回归2	回归3	回归4	回归5	回归6
	TQA	TQB	TQA	TQB	TQA	TQB
OF	0.604 *** (8.71)	0.521 *** (6.88)	0.118 (1.35)	0.170 (1.65)	1.041 (9.64)	1.161 (8.94)
Size	−0.303 *** (−14.21)	−0.303 *** (−12.81)	−0.149 *** (−6.42)	−0.169 *** (−6.51)	−0.624 *** (−14.50)	−0.734 *** (−12.90)
LEV	−0.460 *** (−3.90)	−0.598 *** (−4.51)	−1.404 *** (−5.75)	−1.519 *** (−5.45)	0.486 ** (2.13)	0.799 *** (2.60)

续表

变量	回归1	回归2	回归3	回归4	回归5	回归6
	TQA	TQB	TQA	TQB	TQA	TQB
Growth	0.163 *** (2.67)	0.314 *** (4.53)	0.116 (0.91)	0.214 (1.42)	0.079 (1.56)	0.150 * (1.88)
TOP	0.001 (1.08)	−0.000 (−0.14)	−0.002 (−1.13)	−0.004 (−1.64)	−0.007 *** (−3.95)	−0.009 *** (−4.01)
SOE	−0.040 (−0.96)	−0.053 (−1.14)	−0.246 *** (−3.40)	−0.272 *** (−3.32)	−0.083 (−1.53)	−0.195 *** (−2.80)
Occupy	0.377 (0.39)	0.866 (0.77)	−0.901 (−0.60)	−1.491 (−0.86)	4.040 *** (3.18)	4.522 *** (2.63)
INDE	−0.048 (−0.14)	−0.202 (−0.53)	1.315 *** (2.67)	1.356 ** (2.42)	1.183 ** (2.41)	1.362 ** (2.18)
截距	8.046 *** (17.37)	8.491 *** (16.55)	7.038 *** (14.06)	8.479 *** (15.15)	13.010 *** (16.64)	15.141 *** (14.81)
年度行业	控制	控制	控制	控制	控制	控制
样本规模	2384	2384	610	610	1737	1737
调整后的 R^2	0.388	0.391	0.438	0.435	0.432	0.403

注：***、**、*分别表示在1%、5%、10%的水平上显著；括弧内为t值。

资料来源：笔者整理。

4. 审计师任期与企业价值

由于审计师任期与企业价值之间可能呈现非线性关系，因此，本书分别对不加入和加入审计师任期Tenure的平方项进行回归分析。回归结果如表7-10所示。回归1和回归2为不加入审计师任期平方项的回归结果，回归1是以TQA为被解释变量的回归结果，审计师任期Tenure的回归系数为0.002，在10%的水平上显著，回归2是以TQB为被解释变量的回归结果，审计师任期Tenure的回归系数为0.003，在5%的水平上显著，根据上述结果，如果不考虑审计师任期与企业价值之间的非线性关系，审计师任期越长，越有利于提升企业价值。回归3和回归4是加入审计师任期Tenure平方项的回归结果，回归3是以TQA为被解释变量的回归结果，审计师任期Tenure的回归系数提升为0.023，在1%的水平上显著，审计师任期Tenure平方项的回归系数为−0.001，在1%的水平上显著，回归4是以TQB为被解释变量的回归结果，审计师任期Tenure的回归系数为 0.021，也在 1% 的水平上显著，审计师任期 Tenure 平方项的回归系数为 −0.001，也在 1% 的水平上显著，上述结果表明，随着审计任期的延长，企业价值逐步提高，但达到一定程度以后，企业价值开始下降，从而支持了本书的研究假设 H4。

表 7-10　审计任期与企业价值的回归结果

变量	回归 1	回归 2	回归 3	回归 4
	TQA	TQB	TQA	TQB
Tenure	0.002 * (1.95)	0.003 ** (2.07)	0.023 *** (5.80)	0.021 *** (4.67)
$Tenure^2$			−0.001 *** (−6.57)	−0.001 *** (−5.45)
Size	−0.419 *** (−41.60)	−0.436 *** (−38.39)	−0.418 *** (−41.72)	−0.436 *** (−38.48)
LEV	−0.306 *** (−5.06)	−0.400 *** (−5.74)	−0.313 *** (−5.21)	−0.406 *** (−5.86)
Growth	0.090 *** (4.34)	0.172 *** (7.11)	0.088 *** (4.27)	0.170 *** (7.06)
TOP	−0.001 *** (−2.98)	−0.004 *** (−6.62)	−0.001 *** (−2.67)	−0.004 *** (−6.39)
SOE	0.083 *** (4.84)	0.030 (1.54)	0.068 *** (3.92)	0.016 (0.85)
Occupy	2.855 *** (7.50)	2.813 *** (6.54)	2.844 *** (7.49)	2.804 *** (6.53)
INDE	1.052 *** (7.35)	1.127 *** (6.96)	1.049 *** (7.34)	1.124 *** (6.95)
截距	10.026 (0.00)	10.584 (0.00)	10.126 (0.00)	10.671 (0.00)
年度行业	控制	控制	控制	控制
样本规模	22372	22372	22372	22372
调整后的 R^2	0.327	0.318	0.328	0.318

注：***、**、* 分别表示在 1%、5%、10% 的水平上显著；括弧内为 t 值。

资料来源：笔者整理。

为了进一步考察审计师任期多长时企业价值达到最大，本书还根据回归 3 和回归 4 的结果进行了计算，即根据回归 3 或者回归 4 得到的回归方程，对审计师任期求一阶导数并令其等于零，得出审计师任期的值在 9~10 年，表明审计师任期为 9~10 年的时候，对企业价值的正向影响达到最大，再进一步延长审计师任期的话，企业价值会逐步降低。

五、稳健性检验

为了保证研究结论的可靠性，本书还进行了如下稳健性检验：

1. 内生性问题

审计师选择并非是随机的，大规模审计师和行业专长审计师更有可能选择本身企业价值就比较好的企业进行审计，而企业价值本身就比较高的企业为了向市场提供更可靠的会计信息和传递更积极的信号，也倾向于选择大规模审计师或者是行业专长审计师提供审计服务，审计师选择的这种非随机性可能导致回归结果存在一定程度的内生性问题，因此，本书借鉴 Chaney 等（2004）、陈小林等（2013）等的方法，利用 Heckman 二阶段回归方法对内生问题进行控制并进行回归分析。回归结果（限于篇幅未予列示）表明，审计师规模和行业专长对企业价值的影响没有发生显著改变。

2. 改变托宾 Q 的计算方法

本书还利用 TQC 和 TQD（具体见前文所述）指标作为托宾 Q 的代理变量对上述结果重新进行回归分析，回归结果（限于篇幅未予列示）表明，上述研究结论是稳健的。

3. 改变行业专长的度量方法

利用总收入计算的行业专长重新进行回归分析，回归结果（限于篇幅未予列示）表明，行业专长与企业价值之间的关系没有发生显著改变。

第四节　研究结论

通过选择能够提供高质量审计服务的审计师，一方面通过审计的信息功能，降低了委托代理双方的信息不对称程度，缓解了委托代理双方的代理冲突，代理方追求个人私利和控制权私利的行为得到抑制，能够以企业价值最大化的目标进行融资和投资决策，从而提升了企业价值；另一方面通过审计的监督功能，降低了企业的在职消费、不公允的关联交易等对企业价值的损害，也提升了企业价值。

　　本章研究发现，选择国际四大审计师、十大、国内十大审计师分别相对非国际四大审计师、非十大、国内非十大审计师均能够显著提升企业价值，选择国际四大审计师相对国内十大审计师也能够显著提升企业价值，表明选择越大规模的审计师，越能够有效提升企业价值；行业专长审计师并不能够提高企业价值；对于审计师转制，只有 2011 年度实施转制的审计师在转制后显著提升了企业价值，后续年度实施转制的审计师转制后没有对企业价值产生显著影响；审计师任期与企业价值之间呈现典型的倒"U"型关系，说明随着审计师任期的延长，企业价值显示随之上升，当审计任期达到一定程度后，企业价值反而开始下降。

第八章 审计师选择影响企业价值的路径检验

前述章节中分别就审计师选择与内部控制质量、权益资本成本、投资效率和企业价值之间的关系进行了多元回归分析，然而多元回归分析只能对一个因变量的影响因素进行研究，无法对同时存在多个因变量的情形进行考察，而审计师选择对企业价值的产生影响的经济后果尽管在多元回归分析中也得到了验证，但这种作用相对是比较间接的，中间需要通过内部控制、权益资本成本和投资效率的传导作用，因此，有必要将上述因素纳入到一个体系中进行考察，才能对审计师选择如何影响企业价值的作用路径清晰地揭示出来，本章即是运用结构方程模型，对审计师选择如何通过影响内部控制质量、权益资本成本和投资效率，最终影响企业价值的作用路径进行实证检验。

第一节 理论分析与研究假设

企业价值是企业预期自由现金流量以其加权平均资本成本为贴现率折现的现值，它与企业的融资决策和投资决策等财务决策密切相关，体现了企业资金的时间价值、风险以及持续发展能力。根据上述企业价值的定义，影响企业价值的两大重要因素是预期自由现金流和加权平均资本成本，因此，要想对企业价值产生影响，必然要通过影响预期自由现金流和加权平均资本成本来实现。

预期自由现金流主要受到企业投资决策的影响。根据自由现金流理论，存在委托代理冲突的企业中，现金比较充裕的情形下，容易发生过度投资行为，从而降低了企业未来的自由现金流，最终损害企业价值的实现；当企业现金不充裕或者融资渠道受限时，又容易出现投资不足行为，也会导致未来自由现金流的创造能力降低，对企业价值产生不利影响。因此，企业的非效率投资会损害企业价值。根据上述分析，提出如下研究假设 H1：

H1：企业非效率投资与企业价值负相关。

投资者用以折现预期自由现金流的贴现率主要受到企业融资成本的影响。由于当前我国对利率的严格管制，权益资本成本对贴现率的影响发挥了决定性作用。权益资本成本越高，投资者用以折现预期自由现金流的贴现率也越高，其折现的现值就越低，即权益资本成本的上升会降低企业价值。根据上述分析，提出如下研究假设 H2：

H2：权益资本成本与企业价值负相关。

内部控制是由企业董事会、监事会、经理层和全体员工实施的、旨在实现控制目标的过程。高质量的内部控制可以通过两条路径对权益资本产生影响，其一是直接作用路径，高质量内部控制能够通过对财务报告流程的严格控制保障高质量财务信息的提供，从而降低投资者的信息风险，进而降低了权益资本成本，保障财务报告的可靠性也是内部控制的目标之一；其二是间接作用路径，高质量内部控制能够对管理层和大股东起到一定的监督和制约作用，降低管理层追逐个人私利和大股东追求控制权私利的概率，从而降低了企业面临的经营风险，进而降低了权益资本成本（王敏和夏勇，2011；张俊民等，2018）。根据上述分析，提出如下研究假设 H3：

H3：内部控制质量与权益资本成本负相关。

高质量内部控制能够通过对投资决策、投资实施、投资评价等全过程的控制，提高投资的效率和效果，还可以通过高质量的会计信息降低投资相关人员之间的信息不对称，提高沟通效率，从而降低投资决策失误的可能性，最终实现投资效率的提升（方红星和金玉娜，2013；于晓红和王玉杰，2019），因此，高质量内部控制能够提升企业的投资效率。根据上述分析，提出如下研究假设 H4：

H4：内部控制质量与企业投资效率正相关。

根据第四章至第七章的分析，不同特征审计师的选择能够通过发挥其信息功能和保险功能或者是信号传递功能降低权益资本成本，能够通过信息功能的发挥，进一步起到对管理层或者大股东的监督作用，降低利益相关方的信息不对称程度，环节委托代理双方的代理冲突，降低管理层或者大股东通过扭曲企业投资行为追求管理者私利或者控制权私利的可能性，从而提升企业投资效率。不同特征审计师对内部控制评价专业胜任能力的不同还会对被审计单位的内部控制质量产生不同的影响，不同特征审计师对财务报表审计中增值服务的意识也会对内部控制质量产生影响。根据上述章节的理论分析，提出如下研究假设 H5～H7：

H5：审计师选择（规模、行业专长、组织形式与任期）与被审计单位的权益资本成本负相关。

H6：审计师选择（规模、行业专长、组织形式与任期）与被审计单位的投资效率正相关。

H7：审计师选择（规模、行业专长、组织形式与任期）与被审计单位的内部控制质量正相关。

第二节　研究设计

一、样本选择与数据来源

本节以 2007～2020 年 A 股上市公司为研究样本，并根据以下标准对样本进行了剔除：①剔除金融保险类上市公司；②剔除 ST 类公司；③剔除财务数据缺失的公司。根据上述标准剔除后，共得到 11529 个企业年度样本点。

本节所需数据全部来自国泰安（CSMAR）数据库和万得（Wind）金融数据库，对数据的处理使用 STATA11.0 完成，其中利用剩余收益模型（GLS）解方程求取权益资本成本使用 SAS9.2 实现，结构方程模型的实现使用 STATA15.0 完成。为了防止异常值对结果的不利影响，本节对所有变量在上下 1% 分位点上进行了缩尾（Winsorize）处理。

二、作用路径

综合上述研究假设，审计师选择影响企业价值的作用路径如图 8-1 所示：

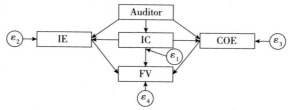

图 8-1　审计师选择影响企业价值的作用路径

第三节　实证结果分析

一、全样本的结构方程模型路径检验结果

表 8-1 为全样本的结构方程模型的路径检验结果。从表 8-1 可以看出，权益资本成本 COE 与非效率投资到企业价值 TQ 的路径系数均为负值，且均通过了显著性检验，特别是权益资本成本在 1% 的水平上显著，验证了假设 H1 和 H2。

从内部控制质量到权益资本成本和非效率投资的路径系数看，系数方向均符合本书假设的预期，且均在 1% 的水平上显著，表明通过影响内部控制质量而作用于权益资本成本和投资效率进而影响企业价值的作用路径是成立的，验证了假设 H3 和 H4。

审计师选择到权益资本成本的路径系数中，除了审计行业专长 SP，2012 年实施审计师组织形式变更的转制变量 OF12 未能通过显著性检验以外，其他变量的系数方向均符合假设预期，并且均通过了显著性检验，表明审计师选择对权益资本成本的影响路径是成立的，验证了假设 H5。

审计师选择对投资效率的路径系数中，国际四大审计师的路径系数未能通过显著性检验，从理论上来看，国际四大审计师能够提供更高质量的审计师服务，应当能够更加显著降低被审计单位的非效率投资水平，这需要从理论和实证上进一步分析出现该现象的原因。审计行业专长和审计师组织形式转制变量到投资效率的路径系数也未能通过显著性检验，与第七章的结论基本相符。除此之外的路径系数均符合假设预期，基本验证了研究假设 H6。

审计师选择到内部控制质量的路径系数中，除了十大、行业专长审计师选择和 2010 年转制变量未能通过显著性检验外，其他路径系数均符合假设预期，基本验证了研究假设 H7。

表 8-1　全样本的路径检验结果

路径	参数估计值	标准误差	Z 值	P 值
TQ←COE	−0.0404578	0.0186044	−21.88	0.000
TQ←INE_INV	−0.0514732	0.0178971	−1.95	0.084
COE←ICI	−0.0312649	0.0178122	−3.66	0.008
COE←Big4	−0.0285639	0.0121855	−3.22	0.004
COE←Big10	−0.0817441	0.0102259	−1.13	0.063
COE←SP	−0.0392506	0.0158249	−1.24	0.117
COE←OF10	−0.0817441	0.0186625	−4.12	0.001
COE←OF11	−0.0192506	0.0195344	−1.80	0.047
COE←OF12	−0.0488653	0.0134770	−1.86	0.130
COE←Tenure	−0.0758281	0.0203078	−3.06	0.003
INE_INV←ICI	−0.0752205	0.0124715	−3.19	0.000
INE_INV←Big4	−0.0878076	0.0141694	−0.20	0.842
INE_INV←Big10	−0.0530701	0.0114194	−2.82	0.011
INE_INV←SP	−0.0517201	0.0187001	−1.23	0.247
INE_INV←OF10	−0.0404300	0.0115481	−1.38	0.248
INE_INV←OF11	−0.0137010	0.0204474	−1.70	0.245
INE_INV←OF12	−0.0567636	0.0206381	−0.05	0.902
INE_INV←Tenure	−0.0439236	0.0103679	−2.43	0.015
ICI←Big4	−0.0820449	0.0129225	−17.55	0.001
ICI←Big10	−0.0460490	0.0174189	−1.18	0.224
ICI←SP	−0.0619096	0.0110496	5.91	0.002
ICI←OF10	−0.0554959	0.0198020	1.55	0.340
ICI←OF11	−0.0192197	0.0172869	3.56	0.009
ICI←OF12	−0.0440353	0.0162991	4.44	0.002
ICI←Tenure	−0.0571251	0.0122239	2.07	0.014

注：样本规模为 11529。

表 8-2 是模型适配度检验指标。从表 8-2 可以看出，以卡方（X²）统计量来衡量的话，模型适配度不是很理想，但是卡方值对受试样本的大小非常敏感，样本数愈大，则卡方值愈容易达到显著，导致理论模型遭到拒绝的概率愈大，卡方值检验最适用的样本数为 100～200（吴明隆，2009），而表 8-1 的样本规

模达到11529，因此，卡方检验统计量的结果不太适合采用。从 TLI 指标来看，未达到理想状态，但比较接近理想值。除此之外的指标均表明模型与数据之间的适配度比较理想。

表 8-2　全样本的模型适配度检验指标

统计检验量	实际拟合值	标准	结果
χ^2	164.311（P = 0.000）	P>0.05	不理想
RMSEA	0.045	<0.05	理想
AIC	116.488	理论回归值应小于独立回归值和饱和回归值	理想
BIC	209.638	理论回归值应小于独立回归值和饱和回归值	理想
CFI	0.95	>0.9	理想
TLI	0.87	>0.9	接近
SRMR	0.028	<0.05	理想

二、过度投资样本的结构方程模型路径检验结果

在结构方程模型所应用的变量中，只有投资效率的度量包含了过度投资和投资不足两种方向截然相反的情形，而且均采用了残差绝对值的方式进行度量，该变量中的不同情形可能会对影响路径产生一定的影响，因此，本节还分别对过度投资和投资不足分别对审计师选择影响企业价值的作用路径进行了检验。表 8-3 为过度投资样本点的结构方程模型路经检验结果。从表 8-3 可以看出，过度投资到企业价值 TQ 的路径系数未通过显著性检验，除此之外的路径系数，除了显著性水平稍微有些变化外，基本验证了研究假设。

表 8-3　过度投资样本的路径检验结果

路径	参数估计值	标准误差	Z 值	P 值
TQ←COE	−0.209355	0.0197648	−16.60	0.000
TQ←Over_INV	0.0029803	0.0286261	0.06	0.906

续表

路径	参数估计值	标准误差	Z 值	P 值
COE←ICI	-0.0504948	0.0241302	-2.00	0.042
COE←Big4	-0.084406	0.0171542	-3.18	0.003
COE←Big10	-0.057971	0.02994	-1.78	0.136
COE←SP	-0.0478876	0.0291889	1.20	0.032
COE←OF10	-0.0758738	0.0205495	-2.96	0.003
COE←OF11	-0.0631538	0.0227242	-2.64	0.013
COE←OF12	0.0124347	0.0273068	0.64	0.642
COE←Tenure	-0.0554607	0.0252977	-2.74	0.007
Over_INV←ICI	-0.0601502	0.0250287	-2.14	0.036
Over_INV←Big4	-0.0019342	0.0301104	-0.03	0.916
Over_INV←Big10	-0.5629652	0.0226066	-2.16	0.038
Over_INV←SP	-0.0163793	0.0249512	-0.10	0.328
Over_INV←OF10	-0.0123323	0.0264626	-0.74	0.706
Over_INV←OF11	-0.2448767	0.0189942	-15.98	0.001
Over_INV←OF12	0.0018028	0.0195814	0.09	0.906
Over_INV←Tenure	-0.0431227	0.0158324	-2.39	0.033
ICI←Big4	-0.085824	0.018466	-3.38	0.003
ICI←Big10	-0.0316137	0.0249661	-1.51	0.129
ICI←SP	-0.0455151	0.0277713	1.71	0.059
ICI←OF10	-0.0702162	0.031659	-2.07	0.004
ICI←OF11	-0.0545976	0.0241103	-2.57	0.023
ICI←OF12	0.0239098	0.021613	0.56	0.656
ICI←Tenure	-0.031238	0.0198893	-2.73	0.009

注：样本规模为4693。

表 8-4 为模型适配度检验的结果，除了卡方统计量和 TLI 统计量对模型适配度不支持外，其他统计量均认为模型适配度比较理想，与全样本的结构方程模型检验结果基本一致。

表 8-4 过度投资样本的模型适配度指标

统计检验量	实际拟合值	标准	结果
χ^2	62.68（P = 0.000）	P>0.05	不理想
RMSEA	0.043	<0.05	理想
AIC	100.747	理论回归值应小于独立回归值和饱和回归值	理想
BIC	247.829	理论回归值应小于独立回归值和饱和回归值	理想
CFI	0.901	>0.9	理想
TLI	0.79	>0.9	不理想
SRMR	0.037	<0.05	理想

三、投资不足样本的结构方程模型路径检验结果

表 8-5 为投资不足样本点的结构方程模型路径检验结果。从表 8-5 可以看出，各路径系数的方向和显著性水平基本符合假设的预期，证实了审计师选择到企业价值发挥影响的作用路径。

表 8-5 投资不足样本的路径检验结果

路径	参数估计值	标准误差	Z 值	P 值
TQ←COE	−0.1437598	0.019113	−14.24	0.002
TQ←Under_INV	−0.0376931	0.0140655	−2.04	0.005
COE←ICI	−0.0324605	0.0251632	−1.50	0.064
COE←Big4	−0.0444858	0.022374	−1.89	0.235
COE←Big10	−0.0313161	0.0233504	−1.81	0.060
COE←SP	−0.0518319	0.0183896	−1.02	0.105
COE←OF10	−0.0989357	0.0256178	−3.09	0.002
COE←OF11	−0.0587732	0.0142362	−2.85	0.008
COE←OF12	−0.0559571	0.022679	−2.63	0.031
COE←Tenure	−0.0465633	0.0238769	−1.93	0.064
Under_INV←ICI	−0.0281009	0.0162629	−2.16	0.075

续表

路径	参数估计值	标准误差	Z 值	P 值
Under_INV←Big4	-0.0258247	0.0185038	-1.67	0.166
Under_INV←Big10	-0.0377993	0.0142452	-1.52	0.057
Under_INV←SP	-0.0236	0.023727	-1.17	0.093
Under_INV←OF10	-0.0169101	0.0218743	-0.77	0.533
Under_INV←OF11	-0.0366089	0.0205138	-1.08	0.134
Under_INV←OF12	-0.008818	0.017306	-0.47	0.627
Under_INV←Tenure	-0.0149657	0.0216224	-1.65	0.238
ICI←Big4	0.2466428	0.0146164	14.97	0.006
ICI←Big10	-0.0178912	0.0222182	-1.83	0.246
ICI←SP	0.0546474	0.0144868	-4.42	0.004
ICI←OF10	-0.0298202	0.0187409	1.02	0.351
ICI←OF11	0.051129	0.0233634	2.15	0.029
ICI←OF12	0.0693677	0.0208076	-2.76	0.003
ICI←Tenure	0.0228029	0.0178397	1.63	0.061

注：样本规模为5901。

表 8-6 为模型适配度检验结果，从表 8-6 可以看出，除了卡方统计量和 TLI 统计量未能支持模型具有良好的适配度外，其他统计量均表明模型与数据之间具有良好的适配度。

表 8-6 投资不足样本的模型适配度指标

统计检验量	实际拟合值	标准	结果
χ^2	103.915（P=0.000）	P>0.05	不理想
RMSEA	0.036	<0.05	理想
AIC	153.182	理论回归值应小于独立回归值和饱和回归值	理想
BIC	258.859	理论回归值应小于独立回归值和饱和回归值	理想
CFI	0.97	>0.9	理想
TLI	0.87	>0.9	不理想
SRMR	0.039	<0.05	理想

第四节 研究结论

审计师选择对企业价值的影响并非是直接的，而是需要通过内部控制质量、权益资本成本和投资效率等传导因素的传导，本章运用结构方程模型，对审计师选择影响企业价值的作用路径进行了实证检验，研究发现：审计师选择确实通过影响内部控制质量、权益资本成本和投资效率，最终对企业价值产生了影响，但是在过度投资样本中，投资效率到企业价值的作用路径未通过显著性检验。

第九章 研究结论、政策建议与研究展望

第一节 研究结论

本书通过对审计师选择经济后果相关文献的系统梳理与归纳，充分借鉴和吸收前人研究中的优点，总结前人研究中存在的问题和不足，发掘出本书的研究问题和方向，以企业价值作为经济后果的最终落脚点，以内部控制质量、权益资本成本和投资效率作为审计师选择影响企业价值的传导因素，综合运用委托代理理论、信息不对称理论、信号传递理论、审计功能等理论对审计师选择如何影响上述传导因素并最终影响企业价值进行了深入的理论分析，在理论分析的基础上提出相关研究假设，并运用实证研究方法对研究假设进行了检验。经过研究，本书得到以下主要研究结论：

（1）国际四大审计师比非国际四大审计师能够显著提高内部控制质量，十大比非十大能够显著提高内部控制质量，国内十大审计师比国内非十大审计师更能提升内部控制质量；行业专长事务所比非行业专长事务所能够显著提高内部控制质量；会计师事务所转制对内部控制质量产生了显著影响，表明在当前的法治环境下，事务所转制推动了事务所在财务报表审计中增加对内部控制了解和测试的投入，从一个侧面反映了资本市场中审计行业有关的法治建设已经取得了一定成效；审计任期的延长能够显著提高被审计单位的内部控制质量，但模型中加入审计任期的二次项后，审计任期及其二次项均不再显著，这可能是由多重共线性带来的影响。

（2）审计的信息功能、保险功能与信号传递均能够显著降低权益资本成本，国际四大审计师会计师事务所既具有更强的信息功能和保险功能，还能够向市场传递这种功能差异的信号，从而更加显著地降低了权益资本成本，而国

内十大审计师与国内非十大审计师相比仅具有较强的信息功能和保险功能，在信号传递功能方面不存在显著差异，这表明，国内大规模事务所在声誉建设方面还任重道远；行业专长与非行业专长事务所相比，只具有更强的信息功能，并且显著降低了权益资本成本，在信息功能差异的信号传递方面不存在显著差异。会计师事务所转制确实对权益资本成本产生了一定影响，但这种影响仅仅局限于 2011 年实施转制的事务所，2012 年和 2013 年实施转制的事务所转制前后客户的权益资本成本并不存在显著区别，表明市场对刚刚开始实施转制的事务所产生了积极的反应，而随着转制的大量实施，市场反应趋于平淡。审计师任期对权益资本成本也具有显著影响，而且从市场参与者来看，对审计任期的延长一直是积极的反应，所以审计任期的二次项并不显著，即审计任期的延长会降低权益资本成本，并未随着审计任期的进一步延长而提升。

（3）选择国际四大审计师能够对投资不足具有一定的抑制作用，从滞后一期来看能够对非效率投资具有一定抑制作用，选择十大审计师则能够对非效率投资和投资不足具有抑制作用，而从滞后一期来看，则能够对非效率投资、过度投资和投资不足均产生抑制效果，国际四大审计师与国内十大审计师之间在抑制非效率投资方面则不存在显著区别，国内十大审计师从滞后一期来看对非效率投资的抑制作用比国内非十大审计师要更加明显；行业专长审计师在滞后一期中对非效率投资和过度投资的抑制效果与非行业专长审计师具有显著区别；审计师组织形式则没有对非效率投资产生显著影响；审计任期与非效率投资和投资不足之间呈现典型的"U"型关系。

（4）选择国际四大审计师、十大、国内十大审计师分别相对非国际四大审计师、非十大、国内非十大审计师均能够显著提升企业价值，选择国际四大审计师相对国内十大审计师也能够显著提升企业价值，表明选择越大规模的审计师，越能够有效提升企业价值；选择行业专长审计师相对非行业专长审计师能够显著提升企业价值；对于审计师转制，只有 2011 年实施转制的审计师在转制后显著提升了企业价值，后续年度实施转制的审计师转制后没有对企业价值产生显著影响；审计师任期与企业价值之间呈现典型的倒"U"型关系，说明随着审计师任期的延长，企业价值显示随之上升，当审计师任期达到一定程度后，企业价值反而开始下降。

（5）审计师选择对企业价值的影响并非是直接的，而是需要通过内部控制质量、权益资本成本和投资效率等传导因素的传导，本书运用结构方程模型，对审计师选择影响企业价值的作用路径进行了实证检验，研究发现：审计师选择确实通过影响内部控制质量、权益资本成本和投资效率，最终对企业价值产生了影响，但是在过度投资样本中，投资效率到企业价值的作用路径未通过显著性检验。

第二节　政策建议

1. 进一步推动事务所做大做强战略，提升国内大规模事务所的品牌声誉

选择大规模事务所能够提升内部控制质量、降低权益资本成本、一定程度上改善投资效率，并最终提升了企业价值，因此，进一步推动事务所做大做强战略，能够更好地提升事务所通过审计服务为企业带来的价值增值效应。然而从国际四大审计师与国内十大审计师在上述影响中的比较来看，国内大规模审计师向外界传递高质量的审计服务的信号功能与国际四大审计师还存在较大差距，表明国内大规模审计师的市场声誉还有待进一步提升，从而在降低被审计单位的权益资本成本和企业价值方面与国际四大审计师表现出显著差异，因此，本书建议在推动事务所做大做强战略的过程中，尽快提升国内大规模审计师的品牌声誉，使"国内十大审计师"（或"国内八大""国内六大"）作为国内大规模审计师的代表稳定下来，从而持续不断地提升该群体的市场声誉，最终使国内大规模审计师与国际四大审计师之间的差距消失。

2. 鼓励审计师发展行业专长战略，提升传统审计服务中的增值服务

行业专长战略有助于审计师对特定行业的行业风险、行业惯例、业务流程、会计处理模式等进行深入的了解，有助于审计师制订更加有效的审计计划，从而把审计风险降至可接受的低水平。同时，行业专长战略还有助于审计师发现企业内部控制设计和运行中存在的重大缺陷，从而在管理建议中提出更加具有针对性的意见和建议，有助于被审计单位提升管理水平。从实证研究的结论来看，行业专长审计师确实在降低被审计单位的权益资本成本、改善投资效率和提升企业价值方面均比非行业专长审计师发挥了更显著的作用，特别是在改进被审计单位的内部控制质量方面效果更加明显。

从国际四大审计师和国内十大审计师在提升内部控制质量的效果差异来看，国际四大审计师能够显著改善被审计单位的内部控制质量，而国内十大审计师在改善内部控制质量方面与国内非十大审计师不存在显著差异，表明国内大规模审计师对提升财务报表审计中增值服务的意识还不到位。财务报表审计中对

内部控制的了解是对被审计单位进行深入了解的必要环节，对内部控制了解得越详细，越能够制订有效的审计计划以应对潜在的审计风险，在这个过程中，对被审计单位内部控制重大缺陷的发现是一个自然的结果，能否准确有效地将内部控制相关信息传递给被审计单位以帮助被审计单位改进内部控制质量提升管理水平，体现了审计师服务意识的差别，而这种服务意识对于审计师赢得客户的信赖、保留客户，并扩展新客户具有重要价值，因此，建议国内大规模审计师转变服务意识，在传统审计服务过程中强化增值服务的意识。

3. 进一步加强审计行业有关的法治建设，强化审计师的法律责任

党的十八大报告做出了全面推进依法治国的战略部署，为了加快建设社会主义法治国家，党的十八届四中全会做出了关于全面推进依法治国若干重大问题的决定。注册会计师行业是提高资本市场资源配置效率的重要机制之一，通过审计师选择可以发挥不同的信息、保险和信号传递等功能，而审计师选择及其经济后果受到法治环境的影响，因此，加强法治建设可以更加有效地发挥审计师选择在资本市场中的重要作用。目前注册会计师行业实施的转制一定程度上对权益资本成本和企业价值产生了影响，但影响的程度远远没有达到政策实施的预期，其中主要的原因可能在于转制给审计师法律责任的增强还停留在政策和理论层面，尚未转化为审计师现实的法律责任，这从目前我国与审计有关的司法判决可以得到印证，因而，为了使审计师行业的法律责任意识得到加强，在审计行业有关的法治建设中进一步强化执法建设，放松对审计行业的保护，使其真正感受到法律风险的存在，最终提升审计师选择在资本市场中的信息、保险和信号传递功能。

4. 放松企业审计师选择中的管制，发挥审计师选择的市场调节功能

企业内部存在的代理冲突、信息不对称等因素促进了公司治理机制的产生，企业选择不同的治理机制可能是为了解决上述问题对企业价值最大化的影响，也有可能是为了掩盖上述问题，然而市场的有效性能够识别出企业选择不同公司治理机制的真实意图，从而发挥"无形之手"的调控作用，实现资本市场的优胜劣汰。从审计师选择来看，权益资本成本和企业价值的变动趋势与企业审计师选择决策表现出较高的一致性，充分体现了市场的调节功能。因此，全面放松企业审计师选择中的管制，有助于市场调节功能的发挥，最终实现优胜劣汰和资源的有效配置。

第三节 研究局限与未来研究方向

一、研究局限

本书在对审计师选择的经济后果有关文献的系统梳理和归纳基础上，对审计师选择如何影响权益资本成本、内部控制质量和投资效率等传导因素，并最终影响企业价值进行了深入的理论分析和实证检验。但是限于时间、精力和个人能力等因素的制约，本书还存在以下方面的研究局限，需要在后续研究中不断地改进和完善。

1. 受限于数据的可获得性和精度，审计师选择对债务资本成本的影响未能予以考察

企业对债务资本成本数据的披露存在以下问题：首先，债务资本成本信息分类不精确，借款取得成本、使用成本、存款利息、汇兑损益等信息区分存在较大的问题，对于准确计算债务资本成本存在较大的影响；其次，借款费用资本化金额部分无法取得相关数据。上述问题导致债务资本成本的计算存在较大的局限，同时由于国家对存贷款利率的管制，审计师选择的影响受到限制。基于上述问题，本书未能对审计师选择如何通过影响债务资本成本最终影响企业价值进行考察。

2. 审计师选择影响企业价值的传导因素的选择还需要进一步改进

审计师对企业价值的影响并非是直接的，而是需要很多传导因素的传导，本书根据"企业价值是预期自由现金流按照加权平均资本成本进行折现后的现值"的定义，选择了能够对折现率产生影响的权益资本成本和内部控制质量、能够对自由现金流产生影响的投资效率作为本书的传导因素进行研究，可能在选择的理论根据和全面性上还存在较大的局限，如还有大量的公司治理因素也可能成为审计师选择影响企业价值的传导因素，这需要在后续的研究中进一步考察。

3. 变量的度量和结构方程模型的应用还需要进一步深化

权益资本成本、内部控制质量、投资效率和企业价值的度量均存在众多的

代理变量，本书基于前人的研究文献，选择了与本书研究目标相匹配的度量方式，但不可避免地存在主观选择的不利影响，尽管在稳健性检验中本书尝试了多种度量方式，但这种影响未能完全消除，这需要在进一步研究中予以充分考察。

本书构建了审计师选择影响企业价值的结构方程模型，对审计师选择如何通过影响权益资本成本、内部控制质量和投资效率，最终对企业价值产生影响的作用路径进行了路径检验。但是，审计师选择不仅会对企业价值及相关的传导因素产生影响，而且还受到企业内部代理冲突、信息不对称程度等因素的影响，因此，审计师选择到企业价值的影响路径可能存在反馈，这需要在结构方程模型中运用非递归模型进行考察；同时，审计师选择对权益资本成本和投资效率的影响，也需要传导因素代理冲突和信息不对称的传导，但由于对代理冲突和信息不对称度量的分歧以及研究目标的集中化考虑，本书并未对上述因素进行度量后纳入到模型中考察。

二、未来研究方向

审计师选择的经济后果研究是一个对资本市场审计行业具有重要影响的研究话题，而企业的审计师选择决策和审计师行为受到法治环境、企业内部环境以及其他因素的影响，随着这些因素的变化，审计师选择的经济后果也可能会随之发生变化。本书的研究还需要在未来从以下方面进一步深化：

1. 进一步研究审计师选择的其他经济后果

基于前人的理论分析以及本书研究目标的需要，本书选择企业价值及相关的传导因素作为审计师选择的经济后果，这样的界定大大缩小了经济后果的外延，便于理论研究目标的集中以及不同研究之间的比较，然而也忽略了对更多经济后果的研究，因此，在后续的研究中，还需要进一步对审计师选择的其他经济后果予以考察。

2. 进一步从产权性质和法制环境视角考察审计师选择的经济后果是否存在差异

产权性质和法治环境是审计师选择的宏观制度背景，对企业审计师选择决策和审计师行为具有重要影响，但这种影响还需要进一步的实证检验，因此，在后续研究中，根据被审计单位的不同产权性质、被审计单位所处的不同法治环境或者审计师所处的不同法治环境，对审计师选择的经济后果是否存在显著差异进行考察。

3. 对权益资本成本、内部控制质量、投资效率和企业价值等关键变量采用不同的度量方式予以进一步考察

通过采用更加多样化的度量方式，进一步考察审计师选择的经济后果是否存在不同的结果，为本书的研究提供更充实的实证证据。

4. 对审计师选择影响企业价值的结构方程模型再进一步深化

需要在结构方程模型中进一步考虑传导因素对审计师选择的反馈作用，从而利用非递归模型进一步考察路径是否仍然能够成立；对审计师选择与权益资本成本和投资效率之间进一步设置代理冲突、信息不对称等潜变量，对理论中分析的影响过程进一步深化，从而更加具体地揭示审计师选择到企业价值的作用路径。

参考文献

[1] 安灵，刘星，白艺昕．股权制衡、终极所有权性质与上市企业非效率投资 [J]．管理工程学报，2008（2）：122-129.

[2] 鲍树琛．产权性质、所得税税负与企业价值 [J]．首都经济贸易大学学报，2018，20（3）：78-86.

[3] 蔡春，鲜文铎．会计师事务所行业专长与审计质量相关性的检验——来自中国上市公司审计市场的经验证据 [J]．会计研究，2007（6）：41-47.

[4] 蔡春，杨晓磊，刘更新．关于构建治理导向审计模式的探讨 [J]．会计研究，2009（2）：89-92.

[5] 曹书军，刘星，杨晋渝．审计质量特征、客户规模与公司权益资本成本 [J]．山西财经大学学报，2012（8）：117-124.

[6] 陈汉文，王韦程．董事长特征、薪酬水平与内部控制 [J]．厦门大学学报（哲学社会科学版），2014（2）：90-99.

[7] 陈丽红．会计师事务所行业专门化发展动因研究 [J]．会计论坛，2010（1）：70-80.

[8] 陈丽蓉，周曙光．审计师变更与审计师选择辨析 [J]．商业会计，2010（22）：76-77.

[9] 陈小林，王玉涛，陈运森．事务所规模、审计行业专长与知情交易概率 [J]．会计研究，2013（2）：69-77.

[10] 陈艳．股权结构与国有企业非效率投资行为治理——基于国有企业上市公司数据的实证分析 [J]．经济与管理研究，2009（5）：49-54+62.

[11] 陈艳．宏观经济环境、投资机会与公司投资效率 [J]．宏观经济研究，2013（8）：66-72+99.

[12] 陈钊．信息与激励经济学第1版 [M]．上海：三联书店，2005.

[13] 池国华，王钰．董事会特征与内部控制缺陷信息披露——基于制度变迁视角的实证研究 [J]．财经理论与实践，2018，39（6）：83-89.

［14］储成兵．金字塔股权结构对内部控制有效性的影响——基于上市公司的经验数据［J］．中央财经大学学报，2013（3）：78-83.

［15］崔婧，余德慧．机构持股与审计师选择［J］．广东财经大学学报，2014（1）：81-89.

［16］邓新明，熊会兵，李剑峰，侯俊东，吴锦峰．政治关联、国际化战略与企业价值——来自中国民营上市公司面板数据的分析［J］．南开管理评论，2014（1）：26-43.

［17］董卉娜，朱志雄．审计委员会特征对上市公司内部控制缺陷的影响［J］．山西财经大学学报，2012（1）：114-124.

［18］杜兴强，周泽将，杜颖洁．政治联系、审计师选择的"地缘"偏好与审计意见——基于国有上市公司的经验证据［J］．审计研究，2011（2）：77-86.

［19］方红星，金玉娜．高质量内部控制能抑制盈余管理吗？——基于自愿性内部控制鉴证报告的经验研究［J］．会计研究，2011（8）：53-60+96.

［20］方红星，金玉娜．公司治理、内部控制与非效率投资：理论分析与经验证据［J］．会计研究，2013（7）：63-69+97.

［21］方红星，施继坤．自愿性内部控制鉴证与权益资本成本——来自沪市A股非金融类上市公司的经验证据［J］．经济管理，2011（12）：128-134.

［22］冯根福，韩冰，闫冰．中国上市公司股权集中度变动的实证分析［J］．经济研究，2002（8）：12-18+93.

［23］冯根福，赵珏航．管理者薪酬、在职消费与公司绩效——基于合作博弈的分析视角［J］．中国工业经济，2012（6）：147-158.

［24］冯根福．关于健全和完善我国上市公司治理结构几个关键问题的思考［J］．当代经济科学，2001（6）：23-28.

［25］龚启辉，吴联生，王亚平．政府控制与审计师选择［J］．审计研究，2012（5）：42-50.

［26］关宇航，师一帅．产业政策、公司治理与民营企业投资效率——一个有调节的中介效应模型［J］．当代经济管理，2019，41（11）：15-24.

［27］郭军，赵息．高管权力、制度环境与内部控制缺陷［J］．系统工程，2016，34（7）：73-77.

［28］韩晓梅，周玮．客户业绩波动与审计风险防范：信息鉴证还是保险功能？［J］．会计研究，2013（9）：71-77.

［29］何琳洁，贺辰衍，李吟月．会计师事务所转制对审计质量的影响效

应——基于 A 股上市公司的实证分析 [J]. 湖南农业大学学报（社会科学版），2017，18（5）：81-86.

［30］洪剑峭，薛皓. 股权制衡对关联交易和关联销售的持续性影响 [J]. 南开管理评论，2008（1）：24-30.

［31］胡苏. 市场化程度、审计师选择与借款融资——来自中国民营上市公司的经验证据 [J]. 财经理论与实践，2011（6）：92-96.

［32］黄敬昌，林斌，赵静. 会计师事务所转制对审计质量的影响机制研究——基于市场感知的证据 [J]. 审计研究，2017（2）：73-79.

［33］黄浩，胡晓晓，高翔. 关联交易、市场化进程与企业价值 [J]. 统计与决策，2021，37（11）：178-181.

［34］黄蓉，易阳，宋顺林. 税率差异、关联交易与企业价值 [J]. 会计研究，2013（8）：47-53+97.

［35］黄欣然. 盈余质量影响投资效率的路径——基于双重代理关系的视角 [J]. 财经理论与实践，2011（2）：62-68.

［36］黄新建，冉娅萍. 官员腐败、审计师选择与公司价值 [J]. 南方经济，2011（10）：47-57.

［37］季华，郑国坚. 控股股东控制下的日常关联购销交易——“业绩促进”、“掏空”抑或“相机支持” [J]. 财会通讯，2009（30）：60-63.

［38］姜涛，尚鼎. 公司诉讼风险对审计决策的影响研究——基于异常审计费用和审计意见的证据 [J]. 南京审计大学学报，2020，17（3）：13-22.

［39］金岚枫. 股权集中度、内部控制与社会责任 [J]. 学习与实践，2015（10）：35-43.

［40］金鑫，雷光勇. 审计监督、最终控制人性质与税收激进度 [J]. 审计研究，2011（5）：98-106.

［41］韩国文，赵刚. 会计信息质量和债务期限结构对企业投资效率的交互影响 [J]. 武汉大学学报（哲学社会科学版），2016，69（4）：58-65.

［42］花中东，贾子超，徐睿阳，廖明情. 上市公司债务结构会影响投资效率吗？[J]. 金融评论，2017，9（1）：78-93+125-126.

［43］雷光勇，李书锋，王秀娟. 政治关联、审计师选择与公司价值 [J]. 管理世界，2009（7）：145-155.

［44］雷光勇，刘金文，柳木华. 经济后果、会计管制与会计寻租 [J]. 会计研究，2001（9）：50-53.

［45］雷光勇，邱保印，王文忠．社会信任、审计师选择与企业投资效率［J］．审计研究，2014（4）：72-80.

［46］雷光勇，张英，刘茉．投资者认知、审计质量与公司价值［J］．审计与经济研究，2015.

［47］李江涛，宋华杨，邓迦予．会计师事务所转制政策对审计定价的影响［J］．审计研究，2013（2）：99-105.

［48］李琳．控制权性质、会计稳健性与权益融资成本［J］．会计论坛，2011（2）：82-94.

［49］李青原．会计信息质量、审计监督与公司投资效率——来自我国上市公司的经验证据［J］．审计研究，2009（4）：51+65-73.

［50］李胜楠．基于委托代理理论的非效率投资行为述评——以融资方式为主线［J］．中南财经政法大学学报，2008（4）：20-25+143.

［51］李世辉，雷新途．两类代理成本、债务治理及其可观测绩效的研究——来自我国中小上市公司的经验证据［J］．会计研究，2008（5）：30-37.

［52］李铁宁，罗建华．担保企业高管领导能力与内部控制绩效的关系——基于直接效应和中介效应的研究［J］．山西财经大学学报，2011（12）：71-78.

［53］李焰，秦义虎，黄继承．在职消费、员工工资与企业绩效［J］．财贸经济，2010（7）：60-68.

［54］李延喜，曾伟强，马壮，陈克兢．外部治理环境、产权性质与上市公司投资效率［J］．南开管理评论，2015，18（1）：25-36.

［55］李颖琦，俞俊利．股权制衡与内部控制有效性——基于2008—2010年酿酒类上市公司的案例分析［J］．会计研究，2012（2）：50-56+96-97.

［56］李志斌，卢闯．金融市场化、股权集中度与内部控制有效性——来自中国2009-2011年上市公司的经验证据［J］．中央财经大学学报，2013（9）：85-90.

［57］梁彤缨，冯莉，陈修德．金字塔结构、在职消费与公司价值——来自中国上市公司的经验证据［J］．山西财经大学学报，2012（11）：75-83.

［58］廖义刚，吴斯卉．投资机会集、代理冲突与上市公司审计师选择——来自我国A股上市公司的经验证据［J］．江西财经大学学报，2013（4）：26-35.

［59］刘丹．会计师事务所组织形式与客户企业盈余管理［J］．经济问题，2014（2）：115-120.

［60］刘桂春，叶陈刚，邹亚生．审计质量、产权性质与内部控制——基于

中国上市公司的经验证据 ［J］. 北京工商大学学报（社会科学版），2013（5）：70-76.

［61］刘桂良，牟谦. 审计市场结构与审计质量：来自中国证券市场的经验证据 ［J］. 会计研究，2008（6）：85-92+96.

［62］刘行，李小荣. 金字塔结构、税收负担与企业价值：基于地方国有企业的证据 ［J］. 管理世界，2012（8）：91-105.

［63］刘行健，王开田. 会计师事务所转制对审计质量有影响吗？［J］. 会计研究，2014（4）：88-94+96.

［64］刘继红. 高管会计师事务所关联、审计任期与审计质量 ［J］. 审计研究，2011（2）：63-70.

［65］刘明辉，李黎，张羽. 我国审计市场集中度与审计质量关系的实证分析 ［J］. 会计研究，2003（7）：37-41.

［66］刘明辉，乔贵涛. 会计师事务所审计质量传染效应研究 ［J］. 审计与经济研究，2014（6）：23-31.

［67］刘明辉，汪寿成. 改革开放三十年中国注册会计师制度的嬗变 ［J］. 会计研究，2008（12）：15-23+93.

［68］刘明辉，徐正刚. 审计市场的有效结构：基于产业组织视角的分析 ［J］. 审计研究，2006（2）：69-73.

［69］刘明辉，徐正刚. 中国注册会计师行业的规模经济效应研究 ［J］. 会计研究，2005（10）：71-75+97.

［70］刘明辉. 高级审计理论与实务第1版 ［M］. 大连：东北财经大学出版社，2006.

［71］刘启亮，李祎，张建平. 媒体负面报道、诉讼风险与审计契约稳定性——基于外部治理视角的研究 ［J］. 管理世界，2013（11）：144-154.

［72］刘启亮，罗乐，何威风，陈汉文. 产权性质、制度环境与内部控制 ［J］. 会计研究，2012（3）：52-61+95.

［73］刘笑霞，李明辉. 会计师事务所规模与审计质量——基于审计意见视角的经验研究 ［J］. 商业经济与管理，2011（6）：74-82.

［74］刘轶，雷可，郑岩峥. 银行长期贷款促进了企业投资效率的提高吗 ［J］. 湖南大学学报（社会科学版），2020，34（4）：47-56.

［75］凌华，董必荣. 董事会断裂带与上市公司内部控制有效性 ［J］. 学海，2021（1）：102-109.

［76］卢锐，魏明海，黎文靖．管理层权力、在职消费与产权效率——来自中国上市公司的证据［J］．南开管理评论，2008（5）：85-92+112.

［77］卢文彬，官峰，张佩佩，邓玉洁．媒体曝光度、信息披露环境与权益资本成本［J］．会计研究，2014（12）：66-71.

［78］陆瑶，何平，吴边．非控股国有股权、投资效率与公司业绩［J］．清华大学学报（自然科学版），2011（4）：513-520.

［79］陆宇建，叶洪铭．投资者保护与权益资本成本的关系探讨［J］．证券市场导报，2007（10）：4-12.

［80］陆正飞，叶康涛．中国上市公司股权融资偏好解析——偏好股权融资就是缘于融资成本低吗？［J］．经济研究，2004（4）：50-59.

［81］罗宏，黄文华．国企分红、在职消费与公司业绩［J］．管理世界，2008（9）：139-148.

［82］罗劲博．公司治理环境、准则变迁与股权资本成本——基于沪深 A 股市场的经验证据［J］．证券市场导报，2014（3）：24-32.

［83］罗孟旎．内部控制质量、股权资本成本与公司绩效——兼论股东异质性的财务影响［J］．商业研究，2018（10）：128-137.

［84］罗明琦，赵环．管理者权力影响审计师选择的经验证据［J］．财经问题研究，2014（11）：93-98.

［85］康萍，刘金金．企业内部控制与会计信息质量的关系研究——以经营绩效为视角［J］．西安财经学院学报，2017，30（3）：33-40.

［86］马君潞，李泽广，王群勇．金融约束、代理成本假说与企业投资行为——来自中国上市公司的经验证据［J］．南开经济研究，2008（1）：3-18.

［87］马智颖，孙世敏，张汉南．薪酬外部公平性与高管过度在职消费行为后果分析——基于内部薪酬差距的调节作用［J］．东北大学学报（社会科学版），2021，23（1）：43-51.

［88］毛新述，叶康涛，张頔．上市公司权益资本成本的测度与评价——基于我国证券市场的经验检验［J］．会计研究，2012（11）：12-22.

［89］那明，冯坤雯．内源融资、内部控制与投资效率——基于中小板上市企业的研究［J］．工业技术经济，2020，39（8）：126-133.

［90］倪慧萍，王跃堂．大股东持股比例、股权制衡与审计师选择［J］．南京社会科学，2012（7）：30-36.

［91］彭程，刘星．负债融资与企业投资决策的互动关系：税收因素视角的

实证研究 ［J］. 经济科学, 2007 (4): 58-69.

［92］漆江娜, 陈慧霖, 张阳. 事务所规模·品牌·价格与审计质量——国际 "四大" 中国审计市场收费与质量研究 ［J］. 审计研究, 2004 (3): 59-65.

［93］乔贵涛, 高平, 赵洪宝. 事务所规模、审计行业专长与事务所审计质量传染效应 ［J］. 财经理论与实践, 2014 (6): 70-77.

［94］乔贵涛, 赵耀. 非标准审计意见、事务所特征与操控性应计——来自中国上市公司的经验证据 ［J］. 山西财经大学学报, 2014 (10): 98-110.

［95］曲国霞, 陈正, 张盟. 董事会治理机制与内部控制目标的实现——基于 AHP 的内部控制有效性评价 ［J］. 中国海洋大学学报 (社会科学版), 2015 (6): 30-37.

［96］任玎. 区域企业负债结构对投资效率的影响分析 ［J］. 统计与决策, 2016 (12): 180-182.

［97］邵毅平, 虞凤凤. 内部资本市场、关联交易与公司价值研究——基于我国上市公司的实证分析 ［J］. 中国工业经济, 2012 (4): 102-114.

［98］申慧慧, 吴联生, 肖泽忠. 环境不确定性与审计意见: 基于股权结构的考察 ［J］. 会计研究, 2010 (12): 57-64.

［99］沈艺峰, 肖珉, 黄娟娟. 中小投资者法律保护与公司权益资本成本 ［J］. 经济研究, 2005 (6): 115-124.

［100］史永. 信息披露质量、审计师选择与股价同步性 ［J］. 中南财经政法大学学报, 2013 (6): 118-123.

［101］史忠党, 韩丽荣, 赵晓红. 内部控制、审计师选择与控股股东侵占 ［J］. 经济问题, 2013 (7): 125-129.

［102］宋衍蘅, 付皓. 事务所审计任期会影响审计质量吗?——来自发布补充更正公告的上市公司的经验证据 ［J］. 会计研究, 2012 (1): 75-80+97.

［103］孙成刚, 黄晓波. 会计信息质量与企业投资效率——基于深交所上市公司的经验证据 ［J］. 经济与管理研究, 2017, 38 (8): 136-144.

［104］孙刚. 控股权性质、会计稳健性与不对称投资效率——基于我国上市公司的再检验 ［J］. 山西财经大学学报, 2010 (5): 74-84.

［105］谭利, 杨苗. 不同制度环境下公司治理质量对投资效率的影响 ［J］. 证券市场导报, 2013 (12): 28-34.

［106］唐松, 杨勇, 孙铮. 金融发展、债务治理与公司价值——来自中国上市公司的经验证据 ［J］. 财经研究, 2009 (6): 4-16+96.

[107] 汪炜，蒋高峰．信息披露、透明度与资本成本 [J]．经济研究，2004（7）：107-114.

[108] 王春飞，陆正飞，伍利娜．企业集团统一审计与权益资本成本 [J]．会计研究，2013（6）：75-82+96.

[109] 王鹏，周黎安．控股股东的控制权、所有权与公司绩效：基于中国上市公司的证据 [J]．金融研究，2006（2）：88-98.

[110] 王庆成．财务管理目标的思索 [J]．会计研究，1999（10）：32-36.

[111] 王艳林，薛鲁．董事会治理、管理者过度自信与投资效率 [J]．投资研究，2014（3）：93-106.

[112] 王宇峰，苏逶妍．会计稳健性与投资效率——来自中国证券市场的经验证据 [J]．财经理论与实践，2008（5）：60-65.

[113] 王跃堂．经济后果学说对会计准则制定理论的影响 [J]．财经研究，2000（8）：3-8.

[114] 王仲兵，靳晓超．碳信息披露与企业价值相关性研究 [J]．宏观经济研究，2013（1）：86-90.

[115] 王治，张皎洁，郑琦．内部控制质量、产权性质与企业非效率投资——基于我国上市公司面板数据的实证研究 [J]．管理评论，2015，27（9）：95-107.

[116] 魏旭，肖潇，周羿．投资者异质性、审计师选择和信号传递：理论模型与政策分析 [J]．浙江社会科学，2013（4）：46-55+156.

[117] 吴明隆．结构方程模型-AMOS 的操作与应用 [M]．重庆：重庆大学出版社，2010.

[118] 吴益兵，廖义刚，林波．股权结构对企业内部控制质量的影响分析——基于 2007 年上市公司内部控制信息数据的检验 [J]．当代财经，2009（9）：110-114.

[119] 伍利娜，郑晓博，岳衡．审计赔偿责任与投资者利益保护——审计保险假说在新兴资本市场上的检验 [J]．管理世界，2010（3）：32-43.

[120] 伍中信，李芬．国有控股、投资效率与信贷资源配置 [J]．财经问题研究，2010（11）：50-55.

[121] 肖作平，黄璜．媒体监督、所有权性质和权益资本成本 [J]．证券市场导报，2013（12）：14-20.

[122] 肖作平，曲佳莉．分析师意见分歧、经验与权益资本成本 [J]．证

券市场导报，2013（9）：18-26.

[123] 谢盛纹，田莉.CEO 权力、审计行业专长与税收激进度［J］.审计与经济研究，2014（5）：31-39.

[124] 谢志明，易玄，唐剑丽.投资机会、审计师选择与盈余管理——来自中国上市公司的检验［J］.系统工程，2012（4）：100-105.

[125] 辛清泉，郑国坚，杨德明.企业集团、政府控制与投资效率［J］.金融研究，2007（10）：123-142.

[126] 许建伟，陈彦斌，刘琨.外部审计质量对企业创新活动的作用机制研究［J］.科研管理，2020，41（10）：11-20.

[127] 徐向艺，方政.母子公司关联度与子公司审计师选择——基于股权制衡的调节效应视角［J］.审计与经济研究，2014（2）：22-29.

[128] 徐玉德，周玮.不同资本结构与所有权安排下的投资效率测度——来自我国 A 股市场的经验证据［J］.中国工业经济，2009（11）：131-140.

[129] 闫焕民，李瑶瑶，王浩宇.审计师团队行业专长与审计质量——基于"师-团队-所"三维交互视角的分析［J］.山西财经大学学报，2020，42（12）：109-123.

[130] 阎雪生.会计事务所组织形式、法律责任与审计质量——基于签字审计师个体层面的研究［J］.时代金融，2018（8）：220.

[131] 杨蓓，张俊瑞.连锁董事、审计师选择与盈余管理［J］.山西财经大学学报，2011（12）：117-124.

[132] 杨其静.企业家的企业理论第 1 版［M］.北京：中国人民大学出版社，2005.

[133] 叶陈刚，刘桂春，姜亚凝.财务报告重述、审计师变更与内部控制缺陷披露——基于深圳主板市场 2010 年的经验证据［J］.经济与管理研究，2013（8）：108-115.

[134] 叶若慧，黄翰林，潘晔.审计师选择、市场化程度与募集资金投向变更［J］.经济问题，2014（4）：81-87.

[135] 于富生，王成方.承销商声誉、审计独立性与审计师选择［J］.审计与经济研究，2012（6）：33-41.

[136] 于李胜，王艳艳.信息风险与市场定价［J］.管理世界，2007（2）：76-85.

[137] 余明桂，夏新平，吴少凡.公司治理研究新趋势——控股股东与小

股东之间的代理问题 [J]. 外国经济与管理，2004（2）：28-32.

[138] 余玉苗，王宇生. 法律制度变迁、审计师选择与企业价值——基于实际控制人掏空行为视角的实证研究 [J]. 经济评论，2012（3）：135-144.

[139] 于晓红，王玉洁. 内部控制、股权集中度与企业投资效率 [J]. 税务与经济，2019（3）：32-37.

[140] 原红旗，李海建. 会计师事务所组织形式、规模与审计质量 [J]. 审计研究，2003（1）：32-37.

[141] 曾颖，陆正飞. 信息披露质量与股权融资成本 [J]. 经济研究，2006（2）：69-79.

[142] 张栋. 终极控制人、负责融资与企业非效率投资 [J]. 中国管理科学，2009（6）：177-185.

[143] 张国源. 会计稳健性、盈余管理和投资效率——来自中国上市公司的经验证据 [J]. 证券市场导报，2013（6）：44-48+55.

[144] 张俊民，王文清，傅绍正. 内部控制审计模式影响权益资本成本吗？[J]. 中央财经大学学报，2018（2）：65-75.

[145] 张敏，冯虹茜，张雯. 机构持股、审计师选择与审计意见 [J]. 审计研究，2011（6）：82-88.

[146] 张敏，马黎珺，张胜. 供应商—客户关系与审计师选择 [J]. 会计研究，2012（12）：81-86+95.

[147] 张奇峰，戴佳君，樊飞. 政治联系、隐性激励与企业价值——以民营企业在职消费为例 [J]. 会计与经济研究，2017，31（3）：56-71.

[148] 张淑慧，彭珏. 自愿性信息披露对财务治理效率的影响 [J]. 财经问题研究，2011（11）：62-66.

[149] 张淑英，杨红艳. 会计稳健性选择、资本成本与企业价值 [J]. 宏观经济研究，2014（1）：97-106.

[150] 张天舒，赵岩，高维纳. 政治关联、社会责任与企业价值 [J]. 河北经贸大学学报，2020，41（3）：88-98.

[151] 张友棠，熊毅. 内部控制、产权性质与盈余管理方式选择——基于2007~2015年 A 股非金融类上市公司的实证研究 [J]. 审计研究，2017（3）：105-112.

[152] 张子健. 审计师变更与内部控制审计意见购买 [J]. 财经论丛，2018（3）：68-76.

［153］张子健，王伟，张雪华．审计师选择与IPO公司盈余稳健性［J］．财经理论与实践，2015（4）：94-100.

［154］赵保卿，徐豪萍．内部审计质量对企业投资效率的影响研究［J］．南京审计大学学报，2017，14（3）：95-104.

［155］赵峰，高明华．企业家能力、信息披露水平与审计师选择——基于CCEI（BNU）指数的实证研究［J］．山西财经大学学报，2013（8）：105-114.

［156］赵瑞．企业社会资本、投资机会与投资效率［J］．宏观经济研究，2013（1）：65-72.

［157］赵息，张西栓．内部控制、高管权力与并购绩效——来自中国证券市场的经验证据［J］．南开管理评论，2013（2）：75-81.

［158］赵艺，倪古强．审计师行业专长、产权性质与投资效率［J］．审计研究，2020（1）：87-95.

［159］周守华，杨惠敏．从公司治理结构透视财务管理目标［J］．会计研究，2000（9）：7-11.

［160］周婷婷．董事会治理、环境动态性与内部控制建设［J］．山西财经大学学报，2014（10）：111-124.

［161］周中胜，陈汉文．大股东资金占用与外部审计监督［J］．审计研究，2006（3）：73-81.

［162］周中胜．会计师事务所组织形式与审计收费［J］．江西财经大学学报，2014（2）：53-61.

［163］朱丹，李琰．审计质量、媒体报道与企业权益资本成本——来自中国上市公司经验证据［J］．产业经济研究，2017（6）：65-74+126.

［164］朱磊，潘爱玲．负债对企业非效率投资行为影响的实证研究——来自中国制造业上市公司的面板数据［J］．经济与管理研究，2009（2）：52-59.

［165］朱松，夏冬林，陈长春．审计任期与会计稳健性［J］．审计研究，2010（3）：89-95.

［166］朱松，夏冬林．稳健会计政策、投资机会与企业投资效率［J］．财经研究，2010（6）：69-79.

［167］朱信凯，徐星美．产权性质、机构投资者异质性与投资效率——基于我国农业上市公司的经验证据［J］．苏州大学学报（哲学社会科学版），2016，37（1）：95-101.

［168］左晶晶，唐跃军，眭悦．第二类代理问题、大股东制衡与公司创新

投资 [J]. 财经研究, 2013 (4): 38-47.

[169] 蒋尧明, 肖洁. 特殊普通合伙制会计师事务所民事责任、合伙人行为与审计质量——基于博弈论的视角 [J]. 当代财经, 2018 (10): 113-122.

[170] 孙童真. 审计师行业专长、客户集中度与会计信息可比性 [J]. 财会通讯, 2020 (13): 54-57.

[171] 张存彦, 周少燕. 中国本土大型会计师事务所声誉群体的形成研究 [J]. 中国注册会计师, 2016 (1): 67-72.

[172] 周泽将, 胡帮国, 庄涛. 审计委员会海归背景与内部控制质量 [J]. 审计研究, 2020 (6): 114-121.

[173] Aggarwal R K, Samwick A A. Empire-builders and shirkers: Investment, firm performance, and managerial incentives [J]. Journal of Corporate Finance, 2006, 12 (3): 489-515.

[174] Ahmed A S, Duellman S. Evidence on the role of accounting conservatism in monitoring managers' investment decisions [J]. Accounting & Finance, 2011, 51 (3): 609-633.

[175] Akerlof G A. The market for "lemons": Quality uncertainty and the market mechanism [J]. The Quarterly Journal of Economics, 1970: 488-500.

[176] Anderson R C, Mansi S A, Reeb D M. Board characteristics, accounting report integrity, and the cost of debt [J]. Journal of Accounting and Economics, 2004, 37 (3): 315-342.

[177] Ashbaugh-Skaife H, Collins D W, Kinney W R. The discovery and reporting of internal control deficiencies prior to SOX-mandated audits [J]. Journal of Accounting and Economics, 2007, 44 (1): 166-192.

[178] Ashbaugh-Skaife H, D W Collins, R LaFond. The effect of SOX internal control deficiencies on firm risk and cost of equity [J]. Journal of Accounting Research, 2009, 47 (1): 1-43.

[179] Baber W R, K R Kumar, T Verghese. Client security price reactions to the laventhol and Horwath bankruptcy [J]. Journal of Accounting Research, 1995: 385-395.

[180] Bachar J. Auditing quality, signaling, and underwriting contracts [J]. Contemporary Accounting Research, 1989, 6 (1): 216-241.

[181] Balvers R J, B McDonald, R E Miller. Underpricing of new issues and

the choice of auditor as a signal of investment banker reputation [J]. Accounting Review, 1988: 605-622.

[182] Barth M E, Y Konchitchki, W R Landsman. Cost of capital and earnings transparency [J]. Journal of Accounting and Economics, 2013, 55 (2): 206-224.

[183] Bates T W. Asset sales, investment opportunities, and the use of proceeds [J]. The Journal of Finance, 2005, 60 (1): 105-135.

[184] Bedard J C, Graham L. Detection and severity classifications of sarbanes-oxley section 404 internal control deficiencies [J]. The Accounting Review, 2011, 86 (3): 825-855.

[185] Bertrand M, Mullainathan S. Enjoying the quiet life? Corporate governance and managerial preferences [J]. Journal of Political Economy, 2003, 111 (5): 1043-1075.

[186] Biddle G C, Hilary G. Accounting quality and firm-level capital investment [J]. The Accounting Review, 2006, 81 (5): 963-982.

[187] Biddle G C, G Hilary, R S Verdi. How does financial reporting quality relate to investment efficiency? [J]. Journal of Accounting and Economics, 2009, 48 (1): 112-131.

[188] Billett M T, Garfinkel J A, Jiang Y. The influence of governance on investment: Evidence from a hazard model [J]. Journal of Financial Economics, 2011, 102 (3): 643-670.

[189] Blackwell D W, Noland T R, Winters D B. The value of auditor assurance: Evidence from loan pricing [J]. Journal of Accounting Research, 1998: 57-70.

[190] Blanchard O J, Lopez-de-Silanes F, Shleifer A. What do firms do with cash windfalls? [J]. Journal of Financial Economics, 1994, 36 (3): 337-360.

[191] Botosan C A. Disclosure level and the cost of equity capital [J]. Accounting Review, 1997: 323-349.

[192] Brown D L, S Z Shu, B S Soo, et al. The insurance hypothesis: An examination of KPMG's audit clients around the investigation and settlement of the tax shelter case [J]. Auditing: A Journal of Practice & Theory, 2013, 32 (4): 1-24.

[193] Bushman R M, A J Smith. Financial accouting information and corporate governance [J]. Journal of Accouting and Economics, 2001, 32 (1): 237-333.

[194] Carcello J V, Nagy A L. Audit firm tenure and fraudulent financial repor-

ting [J]. Auditing: A Journal of Practice & Theory, 2004, 23 (2): 55-69.

[195] Carey P, Simnett R. Audit partner tenure and audit quality [J]. The Accounting Review, 2006, 81 (3): 653-676.

[196] Chaney P K, Jeter D C, Shivakumar L. Self-selection of auditors and audit pricing in private firms [J]. The Accounting Review, 2004, 79 (1): 51-72.

[197] Chen F, Hope O K, Li Q, et al. Financial reporting quality and investment efficiency of private firms in emerging markets [J]. The Accounting Review, 2011, 86 (4): 1255-1288.

[198] Chen H, J Z Chen, G J Lobo, et al. Effects of audit quality on earnings management and cost of equity capital: Evidence from China [J]. Contemporary Accounting Research, 2011, 28 (3): 892-925.

[199] Cheng M, Dhaliwal D, Zhang Y. Does investment efficiency improve after the disclosure of material weaknesses in internal control over financial reporting? [J]. Journal of Accounting and Economics, 2013, 56 (1): 1-18.

[200] Choi J H, C Kim, J B Kim, et al. Audit office size, audit quality, and audit pricing [J]. Auditing: A Journal of Practice & Theory, 2010, 29 (1): 73-97.

[201] Claessens S, Djankov S, Fan J P H, et al. Disentangling the incentive and entrenchment effects of large shareholdings [J]. The Journal of Finance, 2002, 57 (6): 2741-2771.

[202] Claessens S, Fan J P H, Lang L H P. The benefits and costs of group affiliation: Evidence from East Asia [J]. Emerging Markets Review, 2006, 7 (1): 1-26.

[203] Copley P A, Douthett E B. The association between auditor choice, ownership retained, and earnings disclosure by firms making initial public offerings [J]. Contemporary Accounting Research, 2002, 19 (1): 49-76.

[204] Craswell A T, J R Francis, S L Taylor. Auditor brand name reputations and industry specializations [J]. Journal of Accounting and Economics, 1995, 20 (3): 297-322.

[205] Datar S M, G A Feltham, J S Hughes. The role of audits and audit quality in valuing new issues [J]. Journal of Accounting and Economics, 1991, 14 (1): 3-49.

[206] De Beelde I. An exploratory investigation of industry specialization of large

audit firms [J]. The International Journal of Accounting, 1997, 32 (3): 337-355.

[207] DeAngelo L E. Auditor size and audit quality [J]. Journal of Accounting and Economics, 1981, 3 (3): 183-199.

[208] Diamond D W, Verrecchia R E. Disclosure, liquidity, and the cost of capital [J]. The Journal of Finance, 1991, 46 (4): 1325-1359.

[209] Doyle J, Ge W, McVay S. Determinants of weaknesses in internal control over financial reporting [J]. Journal of Accounting and Economics, 2007, 44 (1): 193-223.

[210] Duarte J, Han X, Harford J, et al. Information asymmetry, information dissemination and the effect of regulation FD on the cost of capital [J]. Journal of Financial Economics, 2008, 87 (1): 24-44.

[211] Dye R A. Auditing standards, legal liability, and auditor wealth [J]. Journal of Political Economy, 1993: 887-914.

[212] Easley D, O'hara M. Information and the cost of capital [J]. The Journal of Finance, 2004, 59 (4): 1553-1583.

[213] Eisdorfer A, Giaccotto C, White R. Capital structure, executive compensation, and investment efficiency [J]. Journal of Banking & Finance, 2013, 37 (2): 549-562.

[214] Fazzari S R, Hubbard B Peterson, A Blinder, J Poterba. Financing Constraintsand Corporate lnvestment [J]. Brookings Papers on Economic Activity, 1988 (1): 141-206.

[215] Firth M, Mo P L L, Wong R M K. Auditors' organizational form, legal liability, and reporting conservatism: Evidence from China [J]. Contemporary Accounting Research, 2012, 29 (1): 57-93.

[216] Fortin S, Pittman J A. The role of auditor choice in debt pricing in private firms [J]. Contemporary Accounting Research, 2007, 24 (3): 859-896.

[217] Francis J R, Khurana I K, Pereira R. The role of accounting and auditing in corporate governance and the development of financial markets around the world [J]. Asia-Pacific Journal of Accounting & Economics, 2003, 10 (1): 1-30.

[218] Francis J R, Michas P N, Seavey S E. Does audit market concentration harm the quality of audited earnings? Evidence from audit markets in 42 countries [J]. Contemporary Accounting Research, 2013, 30 (1): 325-355.

[219] Francis J R, M D Yu. Big 4 office size and audit quality [J]. The Accounting Review, 2009, 84 (5): 1521-1552.

[220] Francis J, R LaFond, P Olsson, et al. The market pricing of accruals quality [J]. Journal of Accounting and Economics, 2005, 39 (2): 295-327.

[221] Frankel R, McNichols M, Wilson G P. Discretionary disclosure and external financing [J]. Accounting Review, 1995: 135-150.

[222] Fung S Y K, Gul F A, Krishnan J. City-level auditor industry specialization, economies of scale, and audit pricing [J]. The Accounting Review, 2012, 87 (4): 1281-1307.

[223] Ge W, McVay S. The disclosure of material weaknesses in internal control after the Sarbanes-Oxley Act [J]. Accounting Horizons, 2005, 19 (3): 137-158.

[224] Gebhardt W R, C M C Lee, B Swaminathan. Toward an implied cost of capital [J]. Journal of Accounting Research, 2001, 39 (1): 135-176.

[225] Ghosh A, Moon D. Auditor tenure and perceptions of audit quality [J]. The Accounting Review, 2005, 80 (2): 585-612.

[226] Giroud X, Mueller H M. Does corporate governance matter in competitive industries? [J]. Journal of Financial Economics, 2010, 95 (3): 312-331.

[227] Godfrey J M, Hamilton J. The impact of R&D intensity on demand for specialist auditor services [J]. Contemporary Accounting Research, 2005, 22 (1): 55-93.

[228] Goh B W. Audit committees, boards of directors, and remediation of material weaknesses in internal control [J]. Contemporary Accounting Research, 2009, 26 (2): 549-579.

[229] Guay W, Kothari S P, Shu S. Properties of implied cost of capital using analysts' forecasts [J]. Australian Journal of Management, 2011, 36 (2): 125-149.

[230] Gul F A, S Y K Fung, B Jaggi. Earnings quality: Some evidence on the role of auditor tenure and auditors' industry expertise [J]. Journal of Accounting and Economics, 2009, 47 (3): 265-287.

[231] Harford J. Corporate cash reserves and acquisitions [J]. The Journal of Finance, 1999, 54 (6): 1969-1997.

[232] Ho J L, Kang F. Auditor choice and audit fees in family firms: Evidence from the S&P 1500 [J]. Auditing: A Journal of Practice & Theory, 2013, 32

（4）：71-93.

［233］Hughes J S, Liu J, Liu J. Information asymmetry, diversification, and cost of capital ［J］. The Accounting Review, 2007, 82 （3）：705-729.

［234］Hughes P J. Signalling by direct disclosure under asymmetric information ［J］. Journal of Accounting and Economics, 1986, 8 （2）：119-142.

［235］Jensen M C, Meckling W H. Theory of the firm：Managerial behavior, agency costs and ownership structure ［J］. Journal of Financial Economics, 1976, 3 （4）：305-360.

［236］Jiang G, Lee C M C, Yue H. Tunneling through intercorporate loans：The China experience ［J］. Journal of Financial Economics, 2010, 98 （1）：1-20.

［237］Johnson S, Boone P, Breach A, et al. Corporate governance in the Asian financial crisis ［J］. Journal of Financial Economics, 2000, 58 （1）：141-186.

［238］Johnstone K, Li C, Rupley K H. Changes in corporate governance associated with the revelation of internal control material weaknesses and their subsequent remediation ［J］. Contemporary Accounting Research, 2011, 28 （1）：331-383.

［239］Kang F. Founding family ownership and the selection of industry specialist auditors ［J］. Accounting Horizons, 2014, 28 （2）：261-276.

［240］Khanna T, Palepu K. Is group affiliation profitable in emerging markets? An analysis of diversified Indian business groups ［J］. Journal of Finance, 2000：867-891.

［241］Khurana I K, K K Raman. Litigation risk and the financial reporting credibility of Big 4 versus non-Big 4 audits：Evidence from Anglo-American countries ［J］. The Accounting Review, 2004, 79 （2）：473-495.

［242］Kim J B, Simunic D A, Stein M T, et al. Voluntary audits and the cost of debt capital for privately held firms：Korean evidence ［J］. Contemporary Accounting Research, 2011, 28 （2）：585-615.

［243］Krishnan J. Audit committee quality and internal control：An empirical analysis ［J］. The Accounting Review, 2005, 80 （2）：649-675.

［244］Lai K W, F A Gul. Was audit quality of laventhol and horwath poor? ［J］. Journal of Accounting and Public Policy, 2008, 27 （3）：217-237.

［245］Lambert R, Leuz C, Verrecchia R E. Accounting information, disclosure, and the cost of capital ［J］. Journal of Accounting Research, 2007, 45 （2）：385-

420.

［246］ Lang M, Lundholm R. Cross－sectional determinants of analyst ratings of corporate disclosures ［J］. Journal of Accounting Research, 1993: 246-271.

［247］ Lang M, Lundholm R. Voluntary disclosure during equity offerings: Reducing information asymmetry or hyping the stock? ［J］. Contemporary Accounting Research, 2000 (17): 623-662.

［248］ Lara J M G, Osma B G, Penalva F. Accounting conservatism and corporate governance ［J］. Review of Accounting Studies, 2009, 14 (1): 161-201.

［249］ Lee P, D Stokes, S Taylor, et al. The association between audit quality, accounting disclosures and firm－specific risk: Evidence from initial public offerings ［J］. Journal of Accounting and Public Policy, 2003, 22 (5): 377-400.

［250］ Leftwich R W, Watts R L, Zimmerman J L. Voluntary corporate disclosure: The case of interim reporting ［J］. Journal of Accounting Research, 1981: 50-77.

［251］ Leftwich R W, R L Watts, J L Zimmerman. Voluntary corporate disclosure: The case of interim reporting ［J］. Journal of Accounting Research, 1981: 50-77.

［252］ Lennox C S. Audit quality and auditor size: An evaluation of reputation and deep pockets hypotheses ［J］. Journal of Business Finance & Accounting, 1999, 26 (7-8): 779-805.

［253］ Li C, Xie Y, Zhou J. National level, city level auditor industry specialization and cost of debt ［J］. Accounting Horizons, 2010, 24 (3): 395-417.

［254］ Mansi S A, W F Maxwell, D P Miller. Does auditor quality and tenure matter to investors? Evidence from the bond market ［J］. Journal of Accounting Research, 2004, 42 (4): 755-793.

［255］ Masulis R W, Wang C, Xie F. Corporate governance and acquirer returns ［J］. The Journal of Finance, 2007, 62 (4): 1851-1889.

［256］ Mayhew B W, M S Wilkins. Audit firm industry specialization as a differentiation strategy: Evidence from fees charged to firms going public ［J］. Auditing: A Journal of Practice & Theory, 2003, 22 (2): 33-52.

［257］ McNichols M F, Stubben S R. Does earnings management affect firms' investment decisions? ［J］. The Accounting Review, 2008, 83 (6): 1571-1603.

［258］ Menon K, D D Williams. The insurance hypothesis and market prices ［J］. Accounting Review, 1994: 327-342.

［259］ Michas P N. The importance of audit profession development in emerging market countries ［J］. The Accounting Review, 2011, 86 (5): 1731-1764.

［260］ Naiker V, Sharma D S. Former audit partners on the audit committee and internal control deficiencies ［J］. The Accounting Review, 2009, 84 (2): 559-587.

［261］ O'keefe T B, R D King, K M Gaver. Audit fees, industry specialization, and compliance with GAAS reporting standards ［J］. Auditing: A Journal of Practice & Theory, 1994, 13 (2): 41-55.

［262］ Ogneva M, K R Subramanyam, K Raghunandan. Internal control weakness and cost of equity: Evidence from SOX section 404 disclosures ［J］. The Accounting Review, 2007, 82 (5): 1255-1297.

［263］ Owhoso V E, Jr. W F Messier, Jr. J G Lynch. Error detection by industry-specialized teams during sequential audit review ［J］. Journal of Accounting Research, 2002, 40 (3): 883-900.

［264］ Paul M Healy, Krishna G Palepu. Information asymmetry, corporate disclosure, and the capital markets: A review of the empirical disclosure literature ［J］. Journal of Accounting and Economics, 2001, 31 (1): 405-440.

［265］ Pittman J A, Fortin S. Auditor choice and the cost of debt capital for newly public firms ［J］. Journal of Accounting and Economics, 2004, 37 (1): 113-136.

［266］ Porta R F, Lopez-De-Silanes, A Shleifer, R Vishny. Investor protection and corporate valuation ［J］. The Journal of Finance, 2002, 57 (3): 1147-1170.

［267］ Reichelt K J, D Wang. National and office-specific measures of auditor industry expertise and effects on audit quality ［J］. Journal of Accounting Research, 2010, 48 (3): 647-686.

［268］ Rice S C, Weber D P. How effective is internal control reporting under SOX 404? Determinants of the (Non-) disclosure of existing material weaknesses ［J］. Journal of Accounting Research, 2012, 50 (3): 811-843.

［269］ Richardson S. Over-investment of free cash flow ［J］. Review of Accounting Studies, 2006, 11 (2-3): 159-189.

［270］ Ross S A. The economic theory of agency: The principal's problem ［J］. American Economic Review, 1973, 63 (2): 134-139.

［271］ Sengupta P. Corporate disclosure quality and the cost of debt ［J］. Accounting Review, 1998: 459-474.

［272］ Simunic D A, M T Stein. Product differentiation in auditing: Auditor choice in the market for unseasoned new issues ［J］. Canadian Certified General, 1987.

［273］ Srinidhi B N, He S, Firth M. The effect of governance on specialist auditor choice and audit fees in US family firms ［J］. The Accounting Review, 2014, 89 (6): 2297-2329.

［274］ Stulz R M. Managerial discretion and optimal financing policies ［J］. Journal of Financial Economics, 1990, 26 (1): 3-27.

［275］ Titman S, B Trueman. Information quality and the valuation of new issues ［J］. Journal of Accounting and Economics, 1986, 8 (2): 159-172.

［276］ Vogt S C. The cash flow-investment relationship: Evidence from U. S. manufacturing firms ［J］. Financial Management, 1994, 23 (2): 3-20.

［277］ Weber J, Willenborg M. Empirical analysis of the economic demand for auditing in the initial public offerings market ［J］. Journal of Accounting Research, 1999: 225-239.

［278］ Willenborg M. Empirical analysis of the economic demand for auditing in the initial public offerings market ［J］. Journal of Accounting Research, 1999: 225-238.

［279］ Xie Y, Zhang Y, Zhou J. National level, city level auditor industry specialization and analyst forecast properties ［J］. International Journal of Auditing, 2012, 16 (3): 248-267.

［280］ Zeff S A, Fossum R L. An analysis of large audit clients ［J］. Accounting Review, 1967, 42 (2): 298-320.